Il Giusto Mezzo: Equilibrio, Soddisfazione e Significato nella Vita

Prefazione

Benvenuti a "Il Giusto Mezzo: Equilibrio, Soddisfazione e Significato nella Vita." Questo libro è un viaggio attraverso il concetto del Giusto Mezzo, una filosofia di vita che ci insegna a trovare l'equilibrio in tutte le sfere della nostra esistenza. Attraverso le pagine di questo libro, esploreremo come il Giusto Mezzo possa trasformare le nostre vite, portandoci a una maggiore soddisfazione, significato e benessere.

La vita moderna spesso ci spinge verso estremi. Siamo bombardati da messaggi che ci dicono di perseguire il successo a tutti i costi, di essere sempre connessi e di raggiungere standard di perfezione irraggiungibili. In questo processo, rischiamo di perdere di vista ciò che è veramente importante: la nostra felicità, il nostro benessere e il nostro equilibrio.

Il Giusto Mezzo ci offre una via di fuga da questo ciclo di estremi. Ci insegna a trovare un equilibrio dinamico tra gli opposti, a navigare tra le sfumature della vita e a trovare la via verso una vita più soddisfacente e significativa. Attraverso esempi pratici, storie ispiratrici e consigli concreti, questo libro vi guiderà nel percorso per trovare il vostro Giusto Mezzo in ogni aspetto della vostra vita.

Imparerete come applicare il Giusto Mezzo nella vostra carriera, nelle relazioni interpersonali, nella salute e nel benessere, nella crescita personale, nell'etica e nella morale, nel benessere spirituale e nel benessere globale. Scoprirete che non c'è una formula universale per il Giusto Mezzo, ma piuttosto un percorso unico che è vostro e solo vostro.

Siamo entusiasti di condividere
con voi questo viaggio alla ricerca
dell'equilibrio, della soddisfazione
e del significato nella vita.
Speriamo che questo libro sia una
risorsa preziosa che vi ispirerà a
trovare il vostro Giusto Mezzo e a
vivere una vita più autentica e
appagante.

Che questo libro vi guidi nella
vostra ricerca del Giusto Mezzo e
che vi ispiri a creare una vita
straordinaria ogni giorno. Buon
viaggio!

Capitolo 1: Introduzione

Nella frenetica corsa della vita moderna, spesso ci troviamo alle prese con un dilemma persistente: come possiamo vivere una vita che sia appagante, significativa e, allo stesso tempo, equilibrata? In questo mondo in cui gli estremi sembrano dominare, trovare "Il Giusto Mezzo" può essere la chiave per una vita straordinaria e felice. Questo libro è un viaggio alla scoperta del potere dell'equilibrio e della moderazione in ogni aspetto della vita.

L'idea del "Giusto Mezzo" è un concetto antico e universale che è stato abbracciato da filosofi, pensatori e culture in tutto il mondo. È una via intermedia che evita gli estremi, un cammino verso una vita che abbraccia la diversità e l'armonia. Non è un compromesso tra il bene e il male, ma piuttosto una ricerca attenta dell'equilibrio tra opposti.

In questo libro, esploreremo l'origine storica e filosofica del Giusto Mezzo in diverse culture, scopriremo come applicarlo alle relazioni interpersonali, alla carriera, alla salute, alla crescita personale, alla gestione del tempo, all'etica e persino alla spiritualità. Ogni capitolo sarà un invito a riflettere su come il Giusto Mezzo può essere applicato nella vita quotidiana per ottenere risultati straordinari.

I lettori troveranno in queste pagine una guida completa che li aiuterà a trovare l'equilibrio tra ambizione e realizzazione, tra impegno e relax, tra altruismo e auto-conservazione. Impareranno a navigare attraverso le sfide personali con pazienza e saggezza, a prendere decisioni etiche basate sulla moderazione e a trovare un senso di pace interiore attraverso la ricerca spirituale bilanciata.

Questo libro non pretende di offrire soluzioni magiche o istruzioni rigide, ma piuttosto di fornire una mappa per il cammino verso una vita speciale e appagante. È un invito a esplorare il Giusto Mezzo e a scoprire come applicarlo in modo pratico per creare una vita in cui ogni giorno sia un passo verso la beatitudine.

Prepariamoci per un viaggio di auto-esplorazione, crescita personale e realizzazione. Scopriamo insieme il potere del Giusto Mezzo e come possa trasformare la nostra esistenza in qualcosa di veramente straordinario. Siete pronti a iniziare questo viaggio? Allacciate le cinture e preparatevi per una straordinaria avventura verso l'equilibrio e la felicità.

Capitolo 2: Origini Filosofiche e Culturali

Nel nostro viaggio alla scoperta del "Giusto Mezzo", è fondamentale comprendere le radici profonde e culturali di questo concetto universale. L'equilibrio tra gli opposti e il concetto del Giusto Mezzo hanno radici che affondano nella storia della filosofia e della cultura umana. In questo capitolo, esploreremo le origini e le influenze del Giusto Mezzo in diverse tradizioni filosofiche e culturali.

La Filosofia Greca e l'Aurea Mediocritas

Cominciamo il nostro viaggio con la Grecia antica, una civiltà nota per aver sviluppato profonde riflessioni filosofiche. Qui, troviamo il concetto di "Aurea Mediocritas" (o "Aurea Mediocritas"), che sostiene che il

Giusto Mezzo sia il punto d'equilibrio tra gli estremi. Filosofi come Aristotele, Platone e Epicuro hanno contribuito a sviluppare questo concetto. Aristotele, ad esempio, sottolinea l'importanza della virtù come equilibrio tra eccesso e difetto.

Nell'antica Grecia, il concetto del "Giusto Mezzo" era una parte essenziale dell'etica e della filosofia, in particolare grazie agli insegnamenti di Aristotele. Questo principio filosofico sottolineava l'importanza di trovare un equilibrio virtuoso tra gli estremi opposti. Ecco come il "Giusto Mezzo" è stato applicato nella vita quotidiana dell'antica Grecia:

- **Virtù Aristoteliche**: Aristotele identificò diverse virtù, o abitudini di comportamento virtuoso, che erano considerate essenziali per condurre una vita etica e felice.

Queste virtù erano spesso definite come il "Giusto Mezzo" tra due estremi. Ad esempio, il coraggio era considerato il Giusto Mezzo tra la codardia e l'ardire e la generosità tra l'avarizia e lo spreco.

- **Educazione dei Cittadini**: Nell'antica Grecia, l'educazione dei cittadini liberi era fondamentale per la formazione di individui virtuosi. Gli insegnanti e i filosofi greci promuovevano l'idea del Giusto Mezzo come parte integrante dell'educazione, insegnando agli studenti come comportarsi con moderazione e saggezza.

- **Politica e Filosofia**: Il principio del Giusto Mezzo era presente anche nella politica e nella filosofia dell'antica Grecia. La ricerca di un equilibrio tra il

potere del popolo
(democrazia) e il governo
di un individuo virtuoso
(monarchia) era un tema
ricorrente nella discussione
politica. Filosofi come
Platone e Aristotele
discutevano dei modi per
raggiungere una forma di
governo equilibrata.

- **Arte e Cultura**: Anche
  nell'arte e nella cultura, il
  concetto del Giusto Mezzo
  era evidente. Ad esempio,
  la tragedia greca
  rappresentava spesso le
  conseguenze della
  mancanza di moderazione
  e dell'eccesso di passione.

In sintesi, il Giusto Mezzo era una
componente chiave dell'etica e
della filosofia dell'antica Grecia.
Questo principio influenzava
molteplici aspetti della vita
quotidiana, dalla virtù personale
all'educazione, dalla politica
all'arte, contribuendo a definire la

visione dell'equilibrio e della moderazione nella società greca classica.

La Filosofia Cinese e il Concetto di Yin e Yang

Nella filosofia cinese, il concetto di equilibrio è incarnato nella dualità del Yin e Yang. Il Giusto Mezzo è il risultato dell'armonia tra queste due forze opposte. Questo concetto ha profonde implicazioni nella medicina tradizionale cinese, nella filosofia confuciana e nel taoismo. Esploreremo come il Giusto Mezzo sia stato applicato nella vita quotidiana in Cina per secoli.

Il concetto del "Giusto Mezzo" è una parte fondamentale della filosofia cinese e ha influenzato profondamente la vita quotidiana in Cina per secoli. Questo principio si trova principalmente nel pensiero di Confucio e nel Taoismo.

Ecco come il Giusto Mezzo è
stato applicato nella vita
quotidiana in Cina:

*   **Etica Confuciana**:
    Confucio ha insegnato
    l'importanza di trovare il
    Giusto Mezzo nelle
    relazioni interpersonali e
    sociali. Questo si traduce
    nell'equilibrio tra doveri
    familiari, rispetto per gli
    anziani, obbedienza alle
    leggi e moralità personale.
    In Cina, molte pratiche
    sociali e cerimonie sono
    basate su questi principi.

*   **Taoismo**: Il Taoismo
    enfatizza il concetto di "Wu
    Wei," che si traduce come
    "agire senza agire" o "fluire
    con il Tao." Questo
    significa che si dovrebbe
    cercare il Giusto Mezzo
    seguendo il flusso naturale
    delle cose e evitando
    l'eccessiva azione o
    interferenza. Il Taoismo ha

influenzato la medicina
tradizionale cinese e le arti
marziali, tra le altre cose.

- **Medicina Tradizionale
  Cinese**: La MTC (Medicina
  Tradizionale Cinese)
  applica il Giusto Mezzo
  nell'equilibrio tra Yin e
  Yang, i concetti di energia
  vitale (Qi) e l'uso di erbe e
  tecniche terapeutiche per
  ristabilire l'armonia nel
  corpo.

- **Cultura Alimentare**: La
  cucina cinese è spesso
  basata sul principio del
  Giusto Mezzo. La varietà di
  piatti, ingredienti e metodi
  di cottura riflette l'equilibrio
  tra i cinque sapori (dolce,
  amaro, acido, salato,
  piccante) e gli aspetti
  nutrizionali.

- **Arte e Filosofia**: L'arte
  cinese, la calligrafia e la
  pittura paesaggistica

spesso cercano di rappresentare l'armonia e l'equilibrio del Giusto Mezzo. La filosofia cinese enfatizza l'equilibrio tra opposti complementari, come Yin e Yang.

In sintesi, il Giusto Mezzo è una filosofia profondamente radicata nella cultura e nella vita quotidiana cinese, influenzando le relazioni, la salute, la cucina, le arti e molto altro. È un principio che mira a promuovere l'armonia, l'equilibrio e la saggezza nell'esistenza quotidiana.

Altre Tradizioni Culturali

Oltre a Grecia e Cina, il concetto di Giusto Mezzo ha influenzato le culture di tutto il mondo. Dalle filosofie indiane come il buddismo e l'Induismo, alle culture native americane, alla tradizione africana dell'Ubuntu, scopriremo come il bisogno di equilibrio sia un tratto universale dell'esperienza umana.

La ricerca dell'equilibrio e del "Giusto Mezzo" è un tratto universale che attraversa diverse culture e tradizioni filosofiche in tutto il mondo. Esploriamo come questa ricerca si manifesta nelle filosofie indiane, come il buddismo e l'induismo, nelle culture native americane e nella tradizione africana dell'Ubuntu.

Buddismo (India):

Il buddismo, nato in India nel VI secolo a.C. con Siddhartha Gautama, condivide il concetto del "Giusto Mezzo" attraverso il concetto di "Nobel Ottuplice Sentiero." Questo sentiero insegna l'importanza di trovare un equilibrio tra estremi come il desiderio e la rinuncia, la rabbia e la pazienza. Il buddismo promuove la saggezza e la moderazione come chiave per raggiungere la liberazione.

Induismo (India):

Anche nell'induismo, una delle religioni più antiche del mondo, il principio del "Giusto Mezzo" è evidente attraverso il concetto di "Dharma" (deveri e doveri). L'induismo insegna che ogni individuo deve trovare un equilibrio tra i propri doveri sociali, familiari e spirituali per condurre una vita armoniosa.

Culture Native Americane:

Le culture native americane spesso enfatizzano il rispetto per la natura e l'equilibrio tra l'uomo e l'ambiente circostante. I rituali e le pratiche spirituali delle tribù native americane incorporano l'idea del "Giusto Mezzo" nel trattare la terra con rispetto e nel cercare l'equilibrio tra l'uomo e il mondo naturale.

Ubuntu (Africa):

L'Ubuntu è una filosofia africana che sottolinea l'importanza delle relazioni interpersonali, della comunità e della condivisione. In Ubuntu, la parola "Ubuntu" stessa significa "siamo perché gli altri sono." Questa filosofia incoraggia l'equilibrio tra l'individualità e la partecipazione comunitaria, promuovendo la pace e l'armonia nella società.

In sintesi, il bisogno di equilibrio e il "Giusto Mezzo" sono concetti universali che si riflettono in diverse culture e tradizioni in tutto il mondo. Questi principi sono fondamentali per la ricerca della saggezza, dell'armonia e della pace nelle varie sfere della vita umana.

L'Applicazione Pratica

Dopo aver esplorato le origini filosofiche e culturali del Giusto Mezzo, passeremo a considerare come possiamo applicare questo concetto nella nostra vita quotidiana. Impareremo dalle saggezze del passato e vedremo come possiamo integrare queste lezioni nella nostra ricerca di equilibrio e felicità.

Attraverso questo capitolo, i lettori saranno invitati a esplorare il patrimonio culturale dell'umanità e a comprendere come il Giusto Mezzo sia una via per trovare l'equilibrio e la saggezza in un mondo spesso dominato dagli estremi. Il nostro viaggio nel mondo delle origini filosofiche e culturali del Giusto Mezzo ci darà un quadro più completo di questo concetto e ci preparerà per applicarlo con successo nella nostra vita quotidiana. Siamo pronti a scoprire le profonde radici del Giusto Mezzo e come possiamo coltivarlo per raggiungere una vita speciale?

La filosofia del Giusto Mezzo non è solo un'astrazione teorica, ma un principio che può essere applicato nella vita di tutti i giorni.

È attraverso le nostre scelte
quotidiane che possiamo
sperimentare appieno il potere di
questa filosofia, trasformando la
nostra esistenza in qualcosa di
significativo e straordinario.

Immaginate di iniziare la vostra
giornata con una semplice scelta:
la colazione. Scegliete cibo
nutritivo che sostiene il vostro
corpo e la vostra mente, ma
concedetevi anche quel piccolo
piacere, magari un pezzo di
cioccolato o una tazza di caffè
aromatica. Qui, nel primo atto
della vostra giornata, avete già
applicato il Giusto Mezzo. Non
avete trascurato la vostra salute,
ma avete anche permesso a voi
stessi un momento di piacere.

Ogni scelta successiva che
facciamo, sia essa lavorativa,
relazionale o personale, può
essere influenzata dal principio
del Giusto Mezzo. Trovare
l'equilibrio significa prendersi cura
delle proprie responsabilità senza

diventare schiavi del lavoro,
rispettare gli altri senza perdere la
propria individualità e seguire i
propri sogni senza abbandonare
la realtà.
Nel mondo frenetico in cui
viviamo, è facile cadere negli
estremi. Il lavoro può diventare
una priorità assoluta, portandoci a
trascurare il tempo per noi stessi
e per i nostri cari. D'altra parte, la
ricerca costante del piacere e del
divertimento può farci scivolare
nell'indolenza e
nell'irresponsabilità.

Il Giusto Mezzo ci insegna a
navigare tra queste acque agitate,
ad adottare un approccio
equilibrato alla vita. Ciò non
significa necessariamente fare
tutto in modo mediocre o
mediocrizzante. Al contrario,
significa fare le scelte giuste,
bilanciando le nostre priorità e i
nostri desideri.

Nel prossimo capitolo,
esploreremo come applicare il

Giusto Mezzo nelle nostre relazioni interpersonali, imparando a coltivare legami significativi senza sacrificare la nostra identità e il nostro benessere. Ma prima, riflettiamo su come potreste iniziare a mettere in pratica il Giusto Mezzo nella vostra vita quotidiana. Siate consapevoli delle vostre scelte, cercate l'equilibrio e scoprite come la via dell'armonia può portarvi a una vita più straordinaria e significativa.

Capitolo 3: Il Giusto Mezzo nelle Relazioni Interpersonali

Le relazioni umane sono il tessuto connettivo della nostra esistenza. Come interagiamo con gli altri può avere un impatto profondo sulla nostra felicità e sul nostro benessere complessivo. In questo capitolo, esploreremo come applicare il concetto di "Il Giusto Mezzo" alle nostre relazioni interpersonali, rivelando come possiamo coltivare connessioni più profonde e significative attraverso l'equilibrio e la moderazione.

Bilanciare la Caring e la Self-Care

Nelle relazioni, spesso affrontiamo la sfida di bilanciare il prendersi cura degli altri con il prendersi cura di noi stessi. Troppo spesso, ci troviamo ad estremi opposti: essere troppo altruisti e trascurare

le nostre esigenze o essere
egoisti e trascurare gli altri.
Trovare il Giusto Mezzo in questa
dinamica, imparando a essere
presenti per gli altri senza
perdersi di vista è fondamentale.

La Comunicazione Equilibrata

La comunicazione è
fondamentale nelle relazioni.
Troppo spesso, ci ritroviamo a
esprimere troppo o troppo poco.
Scopriremo come il Giusto Mezzo
nella comunicazione può aiutarci
a esprimere i nostri sentimenti e le
nostre opinioni in modo
equilibrato, promuovendo la
comprensione reciproca e la
risoluzione dei conflitti.

La pratica del "Giusto Mezzo"
nella comunicazione svolge un
ruolo cruciale nel favorire
l'espressione equilibrata dei
sentimenti e delle opinioni,
nonché nella promozione della
comprensione reciproca e nella
risoluzione dei conflitti. Questo

approccio è fondamentale in molte sfere della vita, tra cui relazioni personali, ambiente di lavoro e interazioni sociali. Vediamo come il "Giusto Mezzo" può essere applicato efficacemente:

- **Esprimere Sentimenti con Empatia**: Il Giusto Mezzo implica esprimere sentimenti in modo aperto ma rispettoso, evitando estremi come la rabbia o la repressione emotiva. Comunicare i propri sentimenti in modo empatico aiuta gli altri a comprendere le nostre emozioni.

- **Esprimere Opinioni con Rispetto**: Quando si condividono opinioni, è importante farlo in modo rispettoso, evitando toni accusatori o offensivi. Questo favorisce un dialogo costruttivo invece di una reazione difensiva.

- **Ascolto Attivo**: Una comunicazione efficace implica anche ascoltare attentamente gli altri. Il Giusto Mezzo richiede di ascoltare senza interruzioni, cercando di capire le loro prospettive.

- **Evitare Generalizzazioni**: Nel cercare il Giusto Mezzo, evitiamo generalizzazioni e stereotipi. Invece, concentriamoci su fatti specifici e situazioni concrete.

- **Risolvere Conflitti in Modo Costruttivo**: Nel confronto di opinioni divergenti o nella gestione dei conflitti, cercare il Giusto Mezzo significa cercare soluzioni equilibrate che soddisfino le esigenze di entrambe le parti.

- **Promuovere la Comprensione Reciproca**: L'obiettivo finale è promuovere la comprensione reciproca. Il Giusto Mezzo nella comunicazione aiuta a costruire ponti anziché barriere tra le persone.

In sintesi, l'applicazione del "Giusto Mezzo" nella comunicazione è un'abilità preziosa per costruire relazioni sane e promuovere la comprensione. Questo approccio equilibrato può contribuire significativamente alla risoluzione dei conflitti e al miglioramento delle interazioni umane in vari contesti.

Conflitti e Perdono

Ogni relazione ha i suoi conflitti. Tuttavia, come gestiamo questi conflitti può fare la differenza tra la rottura e il rafforzamento delle relazioni. Impareremo a gestire i conflitti attraverso la moderazione, cercando soluzioni che siano giuste per entrambe le parti. Esploreremo anche il potere del perdono nel ripristinare l'equilibrio nelle relazioni danneggiate.

Il perdono è una forza straordinaria che può svolgere un ruolo fondamentale nel ripristinare l'equilibrio nelle relazioni danneggiate. Ecco come il perdono può influire positivamente sulle dinamiche relazionali:

- **Riduzione dell'Angoscia e dell'Amarezza**: Il perdono permette alle persone di liberarsi dall'angoscia e dall'amarezza associate a eventi dolorosi o tradimenti. Questa liberazione contribuisce a ripristinare l'equilibrio emotivo.

- **Riparazione delle Ferite Emotive**: Il perdono offre un'opportunità per la riparazione delle ferite emotive. Quando si perdona, si apre la porta alla discussione e alla comprensione reciproca, consentendo alle persone coinvolte di affrontare e risolvere i problemi.

- **Promozione della Comunicazione**: Il perdono favorisce una comunicazione aperta e onesta tra le parti coinvolte. Questo processo di comunicazione può aiutare a identificare le cause dei conflitti e a trovare soluzioni condivise.

- **Rinforzo del Legame Emotivo**: Il perdono può rafforzare il legame

emotivo tra le persone.
Quando una persona
perdona, dimostra un
grado di fiducia e
compassione che può
rafforzare la connessione
con l'altra parte.

- **Riduzione del Ciclo di Ritorsione**: Nel ripristinare l'equilibrio, il perdono rompe il ciclo di ritorsione. Invece di cercare vendetta o perpetuare la conflittualità, il perdono apre la strada alla guarigione.

- **Promozione della Pace Interiore**: Perdonare può portare a una maggiore pace interiore. Lasciare andare la rabbia e il risentimento può migliorare il benessere emotivo e psicologico.

In sintesi, il perdono è una
potente forza di guarigione che

può contribuire notevolmente al ripristino dell'equilibrio nelle relazioni danneggiate. Riconoscere il potere del perdono e cercare attivamente di perdonare può portare a una maggiore armonia e comprensione nelle relazioni interpersonali.

Boundaries e Connessione Emotiva

Imporre limiti sani (boundaries) è fondamentale per il benessere nelle relazioni. Troppo spesso, tuttavia, si confondono i limiti con il distacco emotivo. Scopriremo come stabilire confini chiari mentre manteniamo una connessione emotiva significativa con gli altri.

Stabilire confini chiari nelle relazioni è fondamentale per mantenere una connessione emotiva significativa con gli altri. Ecco come farlo:

- **Comprendi i Tuoi Bisogni**: Prima di tutto, devi comprendere i tuoi bisogni, desideri e limiti. Questo ti aiuterà a definire quali confini sono importanti per te.

- **Comunicazione Aperta**: Parla apertamente con gli altri sulla necessità di stabilire confini. Spiega perché è importante per te e ascolta anche le loro opinioni e sentimenti.

- **Sii Consapevole delle Emozioni**: Riconosci le tue emozioni e quelle degli altri durante le conversazioni sui confini. Sii empatico e cerca di capire come i confini possono influenzare le emozioni delle persone coinvolte.

- **Sii Flessibile**: I confini non sono rigidi. Possono evolvere nel tempo in base alle circostanze e alle necessità. Sii disposto a rivedere e aggiornare i tuoi confini quando necessario.

- **Rispetta i Confini Altrui**: È altrettanto importante rispettare i confini degli altri come far rispettare i tuoi. Questo contribuirà a creare un ambiente di fiducia reciproca.

- **Trova un Equilibrio**: Cerca un equilibrio tra la definizione di confini e il mantenimento di una connessione emotiva. Non è necessario isolarsi, ma piuttosto trovare un modo per proteggere il tuo benessere emotivo all'interno della relazione.

- **Comprendi che i Confini Sono Salutari**: Ricorda che stabilire confini è un segno di autostima e rispetto per te stesso e per gli altri. Può portare a relazioni più sane e soddisfacenti.

In sintesi, stabilire confini chiari è un passo importante per mantenere relazioni significative e sane. La chiave sta nella comunicazione aperta, nell'empatia e nel rispetto reciproco.

L'Amore e la Comprensione di Sé

Per comprendere appieno le relazioni, dobbiamo prima comprendere noi stessi. Esploreremo come il Giusto Mezzo in questa auto-riflessione ci permetta di portare una migliore comprensione di sé nelle relazioni, creando legami più profondi e autentici.

Il concetto del "Giusto Mezzo," secondo Aristotele, rappresenta un punto di equilibrio tra gli estremi, un'idea che può essere applicata anche nell'auto-riflessione e nelle relazioni interpersonali per promuovere una migliore comprensione di sé e creare legami più profondi e autentici.

- **Equilibrio Emotivo**: L'auto-riflessione consente di esplorare i propri pensieri, emozioni e comportamenti. Trovare il giusto mezzo significa evitare l'eccessiva autocritica da un lato e la mancanza di autoconsapevolezza dall'altro. Questo equilibrio emotivo favorisce una comprensione più completa di sé stessi.

- **Empatia nelle Relazioni**: Applicare il Giusto Mezzo alle relazioni implica cercare un equilibrio tra ascoltare gli altri e esprimere le proprie esigenze. Questo promuove la comprensione reciproca e la creazione di legami più profondi. L'empatia, che è parte integrante del Giusto Mezzo, aiuta a comprendere le prospettive altrui.

- **Evitare l'Estremismo**: L'eccesso o la carenza di auto-riflessione possono portare a comportamenti estremi nelle relazioni, come l'egocentrismo o la dipendenza emotiva. Trovare il giusto equilibrio nell'auto-riflessione aiuta a evitare tali estremi, creando relazioni più autentiche.

- **Crescita Personale**: L'auto-riflessione mirata al Giusto Mezzo può essere un veicolo per la crescita personale. Comprendere le proprie debolezze e punti di forza permette di lavorare su di essi in modo equilibrato, contribuendo alla maturazione emotiva.

In sintesi, il Giusto Mezzo nell'auto-riflessione e nelle relazioni implica la ricerca di un equilibrio tra estremi emotivi e comportamentali. Questo approccio favorisce una migliore comprensione di sé e degli altri, creando legami più profondi e autentici basati sull'empatia e sulla crescita personale.

L'Arte di Ascoltare

Ascoltare è un atto di equilibrio. Troppo spesso, ascoltiamo solo per rispondere, senza veramente comprendere. Impareremo l'arte dell'ascolto attivo, dove il Giusto Mezzo è fondamentale per stabilire connessioni significative.

Questo capitolo è un invito a esplorare come il concetto di Giusto Mezzo possa migliorare le nostre relazioni interpersonali.

Attraverso la pratica della moderazione e dell'equilibrio, possiamo creare legami più forti, risolvere conflitti in modo costruttivo e coltivare relazioni che ci arricchiscono profondamente. Siete pronti a scoprire come il Giusto Mezzo può trasformare le vostre relazioni in connessioni straordinarie?

Le relazioni interpersonali sono uno degli aspetti più significativi e complessi della nostra vita. Possono portare gioia, amore e sostegno, ma possono anche causare conflitti, stress e dolore. Il Giusto Mezzo nei rapporti umani è come una danza, una coreografia sottile che richiede equilibrio, rispetto reciproco e consapevolezza.

Immaginate una relazione amorosa: è essenziale dare amore e riceverlo in cambio, ma è anche importante mantenere la propria identità e indipendenza. Troppo spesso, ci immergiamo completamente nelle relazioni, perdendo di vista chi siamo e cosa desideriamo. Oppure, ci teniamo così fortemente alla nostra individualità da trascurare le esigenze e i sentimenti del nostro partner. Il Giusto Mezzo sta nel mezzo di queste due estremità, dove troviamo la capacità di connetterci profondamente senza perdere la nostra essenza.

Nelle amicizie e nelle relazioni familiari, il Giusto Mezzo può significare saper dire "no" quando necessario, senza paura di ferire gli altri, ma anche saper dire "sì" quando è possibile offrire aiuto e sostegno. Trovare l'equilibrio nella comunicazione è fondamentale: ascoltare attentamente e esprimere i propri pensieri e sentimenti in modo aperto, senza giudizio o aggressività.

Il Giusto Mezzo nelle relazioni comporta anche la gestione dei conflitti in modo costruttivo.

Evitare i conflitti o esplodere in emozioni negative non è la soluzione. Invece, possiamo imparare a esprimere i nostri sentimenti con rispetto, cercare una comprensione reciproca e cercare soluzioni che siano accettabili per entrambe le parti.

L'empatia è un elemento chiave nelle relazioni basate sul Giusto Mezzo. Mettersi nei panni dell'altro, cercare di comprendere le loro prospettive e sentimenti, può aiutare a costruire connessioni più profonde e significative.

Il Giusto Mezzo non riguarda solo le relazioni romantiche o familiari, ma si applica anche alle interazioni sociali quotidiane. È l'arte di essere gentili ed educati senza essere eccessivamente accomodanti o passivi, di saper stabilire confini senza diventare rigidi o inaccessibili.

Nel prossimo capitolo, esploreremo come il Giusto Mezzo possa essere applicato nella gestione dello stress, aiutandoci a mantenere la calma e la chiarezza mentale nelle situazioni più complesse e impegnative. Ma prima, riflettete sulle vostre relazioni attuali. Dove potete migliorare l'equilibrio? Come potete applicare il principio del Giusto Mezzo per creare legami più armoniosi e significativi nella vostra vita?

Capitolo 4: Il Giusto Mezzo nella Carriera e nell'Ambizione

La carriera e l'ambizione sono componenti significative della nostra vita, ma spesso ci troviamo di fronte a una tensione tra il perseguimento del successo e il desiderio di un equilibrio nella vita. In questo capitolo, esploreremo come applicare il concetto di "Il Giusto Mezzo" alla nostra carriera e all'ambizione personale, scoprendo come possiamo raggiungere obiettivi professionali senza compromettere il benessere complessivo.

L'Equilibrio tra Ambizione e Realizzazione Personale

La ricerca del successo può diventare una corsa senza fine. Impareremo a trovare il Giusto Mezzo tra ambizione e realizzazione personale, comprendendo che il successo non dovrebbe necessariamente significare una carriera frenetica o un costante accumulo di ricchezza.

Per trovare il Giusto Mezzo tra ambizione e realizzazione personale, è essenziale comprendere che il successo non si limita a una carriera frenetica o all'accumulo di ricchezza materiale. Ecco come farlo:

- **Definisci il Tuo Concetto di Successo**: Inizia riflettendo su cosa significhi il successo per te personalmente. Potrebbe includere obiettivi di carriera, ma dovrebbe anche considerare la tua felicità, soddisfazione personale e benessere emotivo.

- **Stabilisci Obiettivi Chiari e Bilanciati**: Una volta definito il tuo concetto di successo, stabilisci obiettivi realistici e bilanciati. Questi dovrebbero coprire diverse aree della tua vita, tra cui carriera, famiglia, salute e passione.

- **Priorità e Tempo**: Impara a dare priorità alle tue attività in base all'importanza. Dedica tempo alle cose che contano di più per te e sii consapevole dell'equilibrio tra lavoro e vita privata.

- **Flessibilità e Adattamento**: La vita è in continua evoluzione. Sii flessibile e aperto all'adattamento dei tuoi obiettivi e delle tue ambizioni in base alle circostanze e alle tue esigenze personali.

- **Mantieni l'Equilibrio Emotivo**: Il successo non dovrebbe mettere a rischio il tuo benessere emotivo. Impara a gestire lo stress, mantieni una mente aperta e sviluppa la resilienza per affrontare le sfide.

- **Cultiva Relazioni Significative**: Non trascurare le relazioni interpersonali mentre cerchi il successo. Le connessioni umane sono fondamentali per la realizzazione personale. Dedica tempo alla tua famiglia, agli amici e alla comunità.

- **Valuta e Rifletti**: Periodicamente, prenditi il tempo per valutare la tua situazione. Chiediti se stai vivendo in modo coerente con i tuoi valori e obiettivi personali.

- **Sii Grato**: La gratitudine può aiutarti a mantenere un atteggiamento positivo mentre cerchi il successo. Apprezza ciò che hai già realizzato e sii grato per le opportunità future.

Trova il tuo Giusto Mezzo tra ambizione e realizzazione personale è un processo individuale che richiede auto-riflessione e adattamento. Ricorda che il successo è una via che dovrebbe portarti a una vita significativa e appagante, non solo a una carriera frenetica o all'accumulo di ricchezza.

La Gestione dello Stress e il Benessere nel Lavoro

Lo stress è un compagno inevitabile nella carriera, ma è possibile gestirlo in modo equilibrato. Esploreremo strategie per la gestione dello stress che ci consentano di mantenere un equilibrio tra le richieste del lavoro e il nostro benessere fisico e mentale.

La gestione dello stress e il mantenimento dell'equilibrio tra le richieste del lavoro e il benessere fisico e mentale sono cruciali per una vita sana e produttiva. Ecco alcune strategie che possono aiutarti:

- **Pratica la Respirazione Profonda**: La respirazione profonda può aiutarti a calmare la mente e ridurre lo stress. Dedica qualche minuto al giorno per respirare profondamente e consapevolmente.

- **Fai Attività Fisica Regolare**: L'esercizio fisico è una potente strategia per gestire lo stress e promuovere il benessere emotivo. Trova un'attività che ti piaccia e inseriscila nella tua routine.

- **Impara a Dire di No**: Non avere paura di stabilire limiti e dire di no quando è necessario. Impara a gestire le aspettative degli altri e a concentrarti sulle tue priorità.

- **Organizza il Tuo Tempo**: Utilizza strumenti di gestione del tempo, come una lista delle cose da fare, per organizzare il tuo lavoro in modo efficace. Pianifica pause regolari per rigenerarti.

- **Pratica la Mindfulness**: La mindfulness è una tecnica che ti aiuta a vivere nel momento presente. Può aiutarti a ridurre l'ansia e a migliorare la tua concentrazione.

- **Mantieni una Buona Alimentazione**: Una dieta equilibrata può influenzare il tuo stato d'animo e la tua energia. Mangia cibi nutrienti e idratati adeguatamente.

- **Cura le Relazioni Interpersonali**: Le relazioni positive sono importanti per il benessere. Dedica tempo alla tua famiglia e agli amici, e cerca sostegno quando ne hai bisogno.

- **Impara a Delegare**: Se sei in una posizione di leadership, impara a delegare compiti ai tuoi colleghi o dipendenti per ridurre il carico di lavoro.

- **Pianifica il Tempo per Te Stesso**: Trova tempo per te stesso per fare attività che ti rilassano e rinvigoriscono, come leggere un libro, fare una passeggiata o praticare un hobby.

- **Cerca Aiuto Professionale**: Se lo stress diventa schiacciante o influisce negativamente sulla tua salute mentale, considera di consultare uno psicologo o uno specialista per il supporto.

Ricorda che non esiste una soluzione universale per tutti. Sperimenta queste strategie e adatta quelle che funzionano meglio per te. La gestione dello stress e l'equilibrio tra lavoro e benessere richiedono tempo e impegno, ma sono fondamentali per una vita sana e appagante.

La Cultura dell'Equilibrio nella Carriera

Molte organizzazioni stanno abbracciando sempre più la cultura dell'equilibrio tra vita professionale e vita privata. Vedremo come le politiche aziendali e l'atteggiamento dei datori di lavoro possano influenzare il nostro benessere lavorativo e come possiamo cercare opportunità che promuovano un equilibrio sano.

Le politiche aziendali e l'atteggiamento dei datori di lavoro possono avere un impatto significativo sul benessere lavorativo dei dipendenti. Ecco come influenzano il benessere e come cercare opportunità per promuovere un equilibrio sano:

- **Politiche di Flessibilità**: Le aziende che offrono politiche di lavoro flessibili, come il telelavoro o orari flessibili, consentono ai dipendenti di gestire meglio il proprio tempo e gli impegni personali, promuovendo un equilibrio tra lavoro e vita privata.

- **Sostegno al Benessere Mentale**: Le aziende che promuovono programmi di benessere mentale, come la consulenza psicologica o la formazione sulla gestione dello stress, dimostrano una preoccupazione per il benessere dei dipendenti.

- **Cultura Aziendale**: Un'azienda con una cultura che valorizza il benessere dei dipendenti crea un ambiente in cui gli individui si sentono supportati e possono lavorare in modo più equilibrato.

- **Benefici Aggiuntivi**: Le politiche aziendali che includono benefici come assicurazioni sanitarie complete o congedi pagati per il benessere personale migliorano il benessere complessivo dei dipendenti.

- **Promozione dello Sviluppo Personale**: Aziende che investono nella formazione e nello sviluppo personale dei dipendenti favoriscono la crescita individuale, contribuendo al benessere.

- **Comunicazione Aperta**: Un atteggiamento aziendale di comunicazione aperta e ascolto attivo può aiutare a risolvere problemi e a affrontare preoccupazioni dei dipendenti legate al lavoro.

Per cercare opportunità che promuovano un equilibrio sano:

- **Valuta le Politiche Aziendali**: Ricerca le politiche e i benefici offerti dalle aziende in cui sei interessato a lavorare e scegli quelle che si allineano con le tue esigenze di equilibrio tra lavoro e vita privata.

- **Fai Domande durante il Colloquio**: Durante un colloquio di lavoro, chiedi informazioni sulle politiche aziendali relative al benessere dei dipendenti per valutare se l'azienda supporta un equilibrio sano.

- **Usa le Risorse Interne**: Sfrutta le risorse e i programmi offerti dal tuo datore di lavoro per migliorare il tuo benessere, come programmi di assistenza ai dipendenti o formazione.

- **Comunica le Tue Esigenze**: Parla apertamente con il tuo datore di lavoro riguardo alle tue esigenze di equilibrio tra lavoro e vita personale. Molte aziende sono disposte a trovare soluzioni.

- **Valuta l'Equilibrio**: Periodicamente, valuta il tuo equilibrio tra lavoro e vita personale e apporta modifiche se necessario. L'equilibrio è dinamico e può richiedere aggiustamenti nel tempo.

In sintesi, le politiche aziendali e l'atteggiamento dei datori di lavoro possono avere un impatto significativo sul benessere lavorativo. Ricerca opportunità e aziende che sostengano un equilibrio sano e comunica apertamente le tue esigenze per creare un ambiente lavorativo più gratificante.

Il Ruolo della Passione e dell'Interesse nella Carriera

Il Giusto Mezzo nella carriera non significa solo raggiungere obiettivi finanziari, ma anche perseguire ciò che ci appassiona e ci interessa. Scopriremo come possiamo trovare la soddisfazione nella nostra carriera attraverso l'equilibrio tra doveri e passioni.

Per trovare la soddisfazione nella propria carriera attraverso l'equilibrio tra doveri e passioni, è importante seguire alcune strategie:

- **Autoconsapevolezza**: Inizia con un'autovalutazione delle tue passioni e abilità. Cosa ti appassiona? Quali sono le tue competenze principali? Conoscere te stesso è fondamentale per trovare un lavoro che ti soddisfi.

- **Scelta della Carriera**: Cerca opportunità di carriera che si allineino con le tue passioni. Se ami ciò che fai, sarai naturalmente più motivato e soddisfatto.

- **Flessibilità**: Cerca modi per inserire le tue passioni nella tua attuale carriera o lavoro. Potresti essere in grado di sviluppare progetti o ruoli che coinvolgano ciò che ami.

- **Bilancio tra Lavoro e Vita Privata**: Trova un equilibrio tra il tuo lavoro e la tua vita privata. Dedica tempo alle tue passioni al di fuori dell'ambiente lavorativo per mantenere l'equilibrio.

- **Sviluppo Continuo**: Investi nel tuo sviluppo professionale. Acquisire nuove competenze o perfezionare quelle esistenti può aprirti nuove opportunità di carriera più in linea con le tue passioni.

- **Comunicazione con il Datore di Lavoro**: Parla con il tuo datore di lavoro se desideri apportare modifiche al tuo ruolo o alla tua carriera per allinearli alle tue passioni. Alcuni datori di lavoro sono aperti a discussioni su ruoli personalizzati.

- **Networking**: Partecipa a eventi di networking per connetterti con persone che condividono le tue passioni o lavorano in settori correlati.

- **Pianificazione Finanziaria**: Considera l'aspetto finanziario quando cerchi di bilanciare doveri e passioni. Potresti dover fare alcune scelte finanziarie o pianificare una transizione graduale.

- **Mantenere la Motivazione**: Anche quando lavori nelle tue passioni, ci saranno sfide. Mantieni la motivazione e l'impegno per superare gli ostacoli.

- **Realizzazione Personale**: Infine, ricorda che la realizzazione personale non è solo legata alla carriera. Anche il tempo trascorso con famiglia, amici e hobby può contribuire in modo significativo alla tua felicità complessiva.

Trova l'equilibrio tra doveri e passioni per creare una carriera soddisfacente e una vita appagante. Ricerca opportunità che ti permettano di coltivare ciò che ami e di svolgere un lavoro che ti dia un senso di realizzazione.

Bilanciare il Tempo tra Lavoro e Vita Personale

Il tempo è un bene prezioso. Troveremo modi per bilanciare il tempo dedicato al lavoro con quello riservato alla vita personale, in modo da creare spazio per gli interessi, le relazioni e il relax.

Per bilanciare il tempo dedicato al lavoro con quello riservato alla vita personale, creando spazio per interessi, relazioni e relax, ecco alcuni modi efficaci:

- **Stabilire Priorità**: Identifica le attività e gli obblighi più importanti sia sul fronte lavorativo che personale. Assegna priorità a ciò che è essenziale per te.

- **Gestire il Tempo**: Utilizza tecniche di gestione del tempo come la pianificazione giornaliera,

l'uso di elenchi delle
attività da completare e la
suddivisione delle attività
in blocchi di tempo
dedicati.

- **Impostare Limiti**: Sii
  assertivo nel definire limiti
  tra lavoro e vita personale.
  Fissa un orario di lavoro
  regolare e rispetta i
  momenti di pausa.

- **Delegare e Chiedere
  Aiuto**: Se possibile, delega
  compiti al lavoro o a casa.
  Chiedi aiuto ai colleghi o
  alla famiglia quando ne hai
  bisogno.

- **Tempo di Qualità**: Dedica
  tempo di qualità alla
  famiglia, agli amici e alle
  attività che ami. Sii
  presente durante queste
  interazioni.

- **Apprendimento Continuo**: Investi in te stesso attraverso la formazione continua e lo sviluppo personale. Ciò può migliorare la tua efficienza lavorativa e aumentare le tue opportunità di carriera.

- **Rilassamento e Autocura**: Pianifica momenti di relax e autocura. Esercizio fisico, meditazione, lettura o qualsiasi altra attività che ti aiuti a rilassarti.

- **Comunicazione Chiara**: Comunica con il tuo datore di lavoro, colleghi e famiglia riguardo alle tue esigenze di bilanciamento tra lavoro e vita personale. La chiara comunicazione può prevenire sovraccarico e stress.

- **Flessibilità**: Cerca opportunità di lavoro che offrano flessibilità, come il telelavoro o orari flessibili, se possibile.

- **Mantenere gli Interessi**: Non trascurare i tuoi interessi personali. Coltiva le tue passioni e hobby, poiché ciò può portare soddisfazione e benessere.

- **Programma Familiare**: Se hai una famiglia, crea un programma familiare in cui ciascun membro possa condividere le proprie attività e impegni.

- **Vacanze e Pause**: Pianifica regolarmente delle pause e delle vacanze per staccare dal lavoro e ricaricare le energie.

Il bilanciamento tra lavoro e vita personale è essenziale per mantenere una buona salute mentale, relazioni soddisfacenti e una vita appagante. Adotta queste strategie per creare spazio per te stesso, per gli interessi che ami e per il relax, migliorando così la qualità della tua vita complessiva.

L'Importanza della Flessibilità e dell'Adattamento

Il mondo del lavoro è in costante evoluzione. Impareremo l'importanza dell'adattamento e della flessibilità nel perseguire una carriera equilibrata, in modo da poter affrontare le sfide in modo resiliente.

L'adattamento e la flessibilità sono qualità cruciali per perseguire una carriera equilibrata e affrontare le sfide in modo resiliente. Ecco perché sono così importanti:

- **Risposta alle Sfide**: La carriera è spesso caratterizzata da cambiamenti, sfide e imprevisti. Essere flessibili consente di adattarsi rapidamente a nuove situazioni e trovare soluzioni creative ai problemi.

- **Crescita Professionale**: Essere aperti al cambiamento e disposti a imparare nuove competenze ti rende un professionista più completo e adattabile. Questo può aumentare le tue opportunità di crescita e avanzamento nella carriera.

- **Resilienza**: La flessibilità è una componente chiave della resilienza. Significa avere la capacità di superare gli ostacoli e recuperare rapidamente dalle difficoltà. Questa abilità è essenziale per mantenere la stabilità mentale e emotiva durante momenti stressanti.

- **Ambiente di Lavoro in Evoluzione**: Oggi, i luoghi di lavoro stanno cambiando più rapidamente che mai a causa della tecnologia e delle dinamiche aziendali. Essere flessibili ti aiuta a prosperare in un ambiente in evoluzione.

- **Equilibrio tra Lavoro e Vita**: La flessibilità ti consente di gestire meglio il tuo tempo e di creare un equilibrio tra lavoro e vita personale. Questo è fondamentale per mantenere un benessere complessivo.

- **Competitività**: I
professionisti che
dimostrano adattabilità
sono spesso considerati
più preziosi dalle aziende.
Sono in grado di affrontare
una varietà di compiti e
situazioni, rendendoli
competitivi nel mercato del
lavoro.

- **Crescita Personale**:
L'apertura al cambiamento
favorisce la crescita
personale. Ti permette di
esplorare nuove
opportunità e scoprire
passioni nascoste.

In sintesi, l'adattamento e la
flessibilità sono fondamentali per
una carriera equilibrata e per
affrontare le sfide in modo
resiliente. Queste qualità non solo
migliorano le tue prospettive
professionali ma contribuiscono
anche al tuo benessere
complessivo, permettendoti di

prosperare in un mondo in
continua evoluzione.

Questo capitolo è un viaggio
nell'arte di perseguire il successo
professionale senza sacrificare la
qualità della vita. Impareremo a
definire il successo in modo più
ampio, a trovare un equilibrio tra
ambizione e benessere, e a creare
una carriera che sia autentica e
soddisfacente. Il Giusto Mezzo
nella carriera è un percorso verso
un lavoro significativo e una vita
appagante. Siete pronti a scoprire
come perseguire la vostra
ambizione in modo equilibrato e
soddisfacente?

La carriera e l'ambizione sono
parte integrante della vita di molti
di noi. Perseguire i nostri obiettivi
professionali può portarci a
realizzare sogni e aspirazioni, ma
può anche diventare un terreno
fertile per l'ansia, lo stress e
l'ineguaglianza. Il Giusto Mezzo ci
insegna come perseguire il

successo senza perdere di vista chi siamo.

Spesso, nella ricerca del successo professionale, cadiamo nella trappola dell'ipercompetitività. Ci spingiamo oltre i limiti, sacrificando il nostro tempo, la nostra salute e le nostre relazioni per avanzare nella carriera. Tuttavia, il Giusto Mezzo ci ricorda che il successo non dovrebbe significare il declino del nostro benessere personale. Invece, possiamo definire obiettivi ambiziosi, ma mantenerci ancorati nei nostri valori e nella nostra autenticità.

Una parte essenziale dell'applicazione del Giusto Mezzo nella carriera è la gestione del tempo e delle priorità. Imparare a stabilire priorità e adottare una pianificazione strategica può aiutarci a mantenere un equilibrio tra il lavoro e la vita personale. Ciò implica anche l'importanza di staccare quando è necessario, concedersi pause e momenti di relax per rigenerare la mente e il corpo.

Il Giusto Mezzo ci insegna anche ad abbracciare la flessibilità. La vita è imprevedibile, e possono verificarsi cambiamenti e sfide inattesi nella nostra carriera. La capacità di adattarsi alle circostanze e di trovare soluzioni creative può essere una risorsa preziosa.

Nella ricerca del successo, è importante considerare quali sacrifici siamo disposti a fare e se quei sacrifici saranno veramente gratificanti nel lungo periodo. Il Giusto Mezzo ci invita a riflettere sulla nostra definizione di successo e a valutare se stiamo perseguendo obiettivi che sono in linea con i nostri valori e il nostro benessere complessivo.

Infine, l'importanza delle relazioni e della condivisione del successo non dovrebbe essere trascurata. Il

Giusto Mezzo ci insegna a celebrare i nostri successi con gli altri e a costruire legami significativi nella nostra vita professionale.

Nel prossimo capitolo, esploreremo come il Giusto Mezzo possa essere applicato al nostro benessere fisico, mostrando come mantenere un equilibrio tra la cura del corpo e la soddisfazione dei nostri desideri. Ma prima, riflettete sulla vostra carriera e sulle vostre ambizioni. Come potete applicare il Giusto Mezzo per perseguire il successo senza perdere se stessi?

Capitolo 5: Il Giusto Mezzo nella Salute e nel Benessere

La nostra salute e il nostro benessere sono fondamentali per condurre una vita appagante e piena di energia. Tuttavia, spesso ci troviamo ad affrontare estremi nell'approccio alla salute, oscillando tra eccessi e negligenza. In questo capitolo, esploreremo come applicare il concetto di "Il Giusto Mezzo" alla nostra salute e al nostro benessere, per vivere una vita equilibrata e vibrante.

La Dieta Equilibrata

La nutrizione è un aspetto cruciale della nostra salute, e il Giusto Mezzo si applica anche qui. Esploreremo come adottare una dieta equilibrata, evitando sia l'eccesso di cibo spazzatura sia la restrizione eccessiva. Impareremo l'arte di mangiare consapevolmente e di ascoltare il nostro corpo.

Per adottare una dieta equilibrata ed evitare sia l'eccesso di cibo spazzatura che la restrizione eccessiva, è importante seguire alcuni principi fondamentali che promuovano l'arte di mangiare consapevolmente e di ascoltare il nostro corpo:

- **Bilanciare i Gruppi Alimentari**: Una dieta equilibrata dovrebbe includere una varietà di cibi dai diversi gruppi alimentari, tra cui proteine, carboidrati, grassi sani, frutta, verdura e latticini o alternative. Mantenere un equilibrio tra questi gruppi assicura che il corpo riceva tutti i nutrienti necessari per funzionare correttamente.

- **Moderazione, non Privazione**: Evita la restrizione eccessiva. Mangiare occasionalmente cibi spazzatura o indulgere in un pasto fuori dalla tua dieta abituale è accettabile. La chiave è la moderazione e il bilancio nel complesso.

- **Ascoltare il Tuo Corpo**: Impara a riconoscere i segnali del tuo corpo di fame e sazietà. Mangia quando hai fame e smetti quando sei soddisfatto. Non lasciarti influenzare da orari fissi o emozioni.

- **Pianificare i Pasti**: Prepara i pasti in anticipo per evitare di ricorrere a cibi spazzatura per comodità. Pianificare ti consente di avere cibi sani a portata di mano.

- **Evitare le Diete Estreme**: Evita diete estreme o restrittive che possono portare a carenze nutrizionali o a un rapporto poco sano con il cibo.

- **Scegliere Opzioni Salutari**: Quando desideri uno spuntino, opta per alternative più sane ai cibi spazzatura, come frutta, noci o yogurt greco.

- **Leggere le Etichette**: Familiarizza con l'etichettatura nutrizionale degli alimenti. Cerca alimenti con ingredienti semplici e nutrienti.

- **Idratazione**: Assicurati di bere abbastanza acqua durante il giorno. A volte la sete può essere confusa con la fame.

- **Consapevolezza del Cibo**: Mangia lentamente, gustando ogni morso. Questo aiuta a evitare il sovrapporsi e favorisce la piena consapevolezza del cibo.

- **Supporto e Consulenza**: In caso di difficoltà nell'adozione di una dieta equilibrata, considera di consultare un nutrizionista o un dietologo per ricevere orientamenti personalizzati.

Ricorda che la chiave per una dieta sana è trovare un equilibrio che funzioni per te, ascoltando il tuo corpo e facendo scelte alimentari consapevoli. Non esiste una dieta perfetta per tutti, ma seguendo questi principi, puoi avvicinarti a un regime alimentare equilibrato e sostenibile nel tempo.

L'Esercizio Fisico Moderato

L'attività fisica è importante per il benessere fisico e mentale. Tuttavia, l'eccesso di allenamento può portare a lesioni e stress, mentre la mancanza di esercizio può causare problemi di salute. Esploreremo come trovare il Giusto Mezzo nell'allenamento fisico, adottando un approccio equilibrato per mantenere la forma fisica.

Per trovare il giusto equilibrio nell'allenamento fisico e mantenere la forma fisica, è essenziale adottare un approccio equilibrato che tenga conto di diversi fattori. Ecco come farlo:

- **Pianificazione e Obiettivi Realistici:** Inizia con una pianificazione adeguata. Imposta obiettivi realistici che tengano conto del tuo livello di fitness attuale e del tempo che puoi dedicare all'allenamento.

Trova un equilibrio tra
ambizione e realismo.

- **Varietà nell'Allenamento:**
Evita la noia e il rischio di
sovrallenamento
introducendo varietà
nell'allenamento.
Combinare diverse attività
come cardio, sollevamento
pesi, yoga e stretching può
mantenere l'allenamento
interessante.

- **Riposo Adeguato:** Il
recupero è fondamentale.
Non sovraccaricare il
corpo e concediti giorni di
riposo tra le sessioni
intense. Il sonno di qualità
è altrettanto importante
per il recupero.

- **Ascolto del Corpo:**
Impara a ascoltare il tuo
corpo. Se senti dolore o
affaticamento eccessivo,
rallenta o fai una pausa.
L'ascolto del corpo

previene infortuni e
sovrallenamento.

- **Alimentazione Bilanciata:**
L'allenamento e la dieta
sono interconnessi.
Mantieni una dieta
equilibrata con proteine,
carboidrati e grassi sani.
Evita gli eccessi e segui le
tue esigenze caloriche.

- **Consistenza:** La coerenza
è la chiave. Mantieni una
routine di allenamento
regolare nel lungo termine,
piuttosto che sforzi intensi
seguiti da periodi di
inattività.

- **Recupero Attivo:** Include
attività di recupero attivo
come lo stretching, il
rilassamento muscolare o il
massaggio per migliorare
la flessibilità e prevenire
infortuni.

- **Bilancio tra Mente e Corpo:** L'allenamento fisico non riguarda solo il corpo ma anche la mente. Pratica il rilassamento e la meditazione per ridurre lo stress e migliorare il benessere mentale.

- **Consultazione con un Professionista:** Se sei nuovo nell'allenamento o hai obiettivi specifici, considera di consultare un professionista del fitness o un personal trainer per un piano personalizzato.

- **Goditi il Processo:** Infine, ricorda che l'allenamento dovrebbe essere soddisfacente. Trova attività fisiche che ti piacciono e che ti mantengano motivato nel lungo termine.

Mantenere un equilibrio nell'allenamento fisico richiede

tempo, pazienza e autoconsapevolezza. Adottando un approccio equilibrato, puoi mantenere la forma fisica in modo sostenibile e goderti i benefici a lungo termine.

La Gestione dello Stress e della Salute Mentale

La salute mentale è altrettanto importante della salute fisica. Impareremo come gestire lo stress e promuovere il benessere mentale attraverso pratiche come la meditazione, la mindfulness e la ricerca dell'equilibrio emotivo.

Gestire lo stress e promuovere il benessere mentale sono obiettivi importanti per mantenere una salute psicofisica ottimale. Ecco come puoi farlo attraverso pratiche come la meditazione, la mindfulness e la ricerca dell'equilibrio emotivo:

- **Meditazione:** La meditazione è una pratica che ti aiuta a calmare la mente, ridurre lo stress e migliorare la concentrazione. Trova un luogo tranquillo, siediti comodamente, e concentra la tua attenzione su un oggetto, un suono o la tua stessa respirazione. La meditazione regolare può promuovere la calma interiore e la chiarezza mentale.

- **Mindfulness:** La mindfulness è la consapevolezza del momento presente. Si tratta di prestare attenzione deliberata a ciò che stai facendo senza giudizio. Puoi praticarla in molte attività quotidiane, come mangiare, camminare o anche lavorare. La mindfulness aiuta a ridurre l'ansia,

migliorare la
consapevolezza emotiva e
promuovere la resilienza.

- **Equilibrio Emotivo:** Trova
  un equilibrio emotivo
  cercando di gestire le
  emozioni in modo sano.
  Questo include
  l'espressione delle
  emozioni in modo
  appropriato, il confronto
  con i tuoi sentimenti e
  l'uso di strategie di coping
  come l'arte, la scrittura o il
  dialogo con un amico o un
  terapeuta.

- **Attività Fisica:** L'esercizio
  fisico è un potente alleato
  per il benessere mentale.
  L'attività fisica rilascia
  endorfine, sostanze
  chimiche del cervello che
  migliorano l'umore e
  riducono lo stress. Trova
  un'attività fisica che ti
  piaccia e rendila parte

della tua routine.

- **Dieta Equilibrata:** Una dieta sana ed equilibrata contribuisce al benessere mentale. Consuma cibi ricchi di nutrienti come frutta, verdura, proteine magre e grassi sani. Evita l'eccesso di zucchero e caffeina, che possono influenzare negativamente l'umore.

- **Sonno Adeguato:** Il sonno di qualità è fondamentale per il benessere mentale. Crea una routine del sonno regolare e cerca di dormire almeno 7-9 ore a notte.

- **Gestione dello Stress:** Impara tecniche di gestione dello stress come la respirazione profonda, lo yoga o l'arte della gratitudine. Queste pratiche ti aiuteranno a ridurre la tensione e a mantenere un atteggiamento positivo.

- **Supporto Sociale:** Parla con amici e familiari quando affronti situazioni stressanti. Condividere i tuoi pensieri ed emozioni può alleviare il peso dello stress.

- **Terapia Professionale:** In caso di problemi di salute mentale più gravi o persistenti, considera di consultare uno psicoterapeuta o uno psichiatra per il supporto professionale.

- **Tempo per Te Stesso:** Dedica del tempo per te stesso ogni giorno. Sii gentile con te stesso e cerca attività che ti rilassino e ti ricarichino.

La gestione dello stress e la promozione del benessere

mentale richiedono pratica e
impegno costante, ma le
ricompense per la tua salute
mentale e fisica ne valgono
sicuramente la pena.

Il Sonno Riposante

Il sonno è fondamentale per il
nostro benessere, ma spesso lo
trascuriamo. Esploreremo come
raggiungere il Giusto Mezzo nel
sonno, adottando routine di
sonno sane e garantendo un
riposo di qualità.

Per raggiungere il giusto equilibrio
nel sonno e garantire un riposo di
qualità, è essenziale adottare una
routine di sonno sana. Ecco
alcuni consigli per farlo:

- **Stabilisci un Orario Fisso:**
  Cerca di andare a letto e
  svegliarti alla stessa ora
  ogni giorno, anche nei
  giorni liberi. Questo aiuta a
  regolare il tuo ritmo
  circadiano e a migliorare la

qualità del sonno.

- **Crea un Ambiente Confortevole:** Assicurati che il tuo ambiente di sonno sia buio, silenzioso e fresco. Utilizza tende oscuranti e tappi per le orecchie, se necessario. Un buon materasso e cuscini comodi sono anche fondamentali.

- **Limita Caffè ed Alcol:** Evita di consumare caffeina e alcol, soprattutto nelle ore serali. Queste sostanze possono interferire con il sonno e causare disturbi del sonno.

- **Esercizio Fisico:** Fare attività fisica regolarmente può migliorare la qualità del sonno, ma evita di allenarti troppo vicino all'ora di andare a letto. Cerca di finire l'allenamento almeno 3 ore prima di dormire.

- **Limita il Consumo Serale di Cibo:** Evita pasti pesanti e spuntini ricchi di grassi prima di andare a letto. Un piccolo spuntino leggero può essere utile se hai fame, ma evita pasti abbondanti prima del sonno.

- **Rilassamento Prima di Dormire:** Prima di andare a letto, dedica del tempo al rilassamento. Puoi leggere un libro, fare una doccia calda o praticare la meditazione per calmare la mente e prepararla al sonno.

- **Limita l'Esposizione alla Luce Blu:** Evita dispositivi elettronici come smartphone, tablet e computer prima di dormire, poiché emettono luce blu che può interferire con la produzione di melatonina, l'ormone del sonno.

- **Evita il Sonnellino Prolungato durante il Giorno:** Se fai un pisolino durante il giorno, cerca di limitarlo a 20-30 minuti per evitare di interferire con il sonno notturno.

- **Consulta uno Specialista:** Se hai difficoltà persistenti nel sonno, potresti voler consultare uno specialista del sonno per valutare eventuali disturbi del sonno.

- **Tieni un Diario del Sonno:** Tenere un diario del sonno può aiutarti a monitorare i tuoi schemi di sonno e identificare eventuali problemi. Questo può essere utile quando cerchi di migliorare la qualità del sonno.

Raggiungere il giusto equilibrio nel sonno richiede costanza e disciplina nella tua routine. Adottando queste pratiche sane, puoi favorire un riposo di qualità e migliorare la tua salute generale.

L'Evitare gli Estremi nei Comportamenti Salutari

Evitare gli estremi non riguarda solo dieta ed esercizio, ma anche l'evitare comportamenti dannosi come l'abuso di alcol, il fumo o la dipendenza da schermi. Esploreremo come trovare un equilibrio sano in queste aree della vita.

Per trovare un equilibrio sano nella vita, è importante considerare diverse aree chiave e adottare strategie adeguate in ognuna di esse. Ecco alcune raccomandazioni per raggiungere un equilibrio sano nelle diverse aree della vita:

- **Equilibrio Lavoro-Vita:** Trova un equilibrio tra il lavoro e il tempo libero. Stabilisci orari di lavoro chiari e cerca di rispettarli. Dedica tempo alle attività che ti appassionano al di fuori del lavoro.

- **Salute Fisica:** Mantieni uno stile di vita attivo e una dieta equilibrata. Fai regolarmente attività fisica, mangia cibi nutrienti e assicurati di ottenere un riposo sufficiente.

- **Salute Mentale:** Prenditi cura della tua salute mentale. Pratica la meditazione, la mindfulness o l'attività che ti aiuti a rilassarti e a gestire lo stress. Parla con un professionista della salute mentale se necessario.

- **Relazioni Interpersonali:**
  Coltiva relazioni
  significative con amici e
  familiari. Dedica tempo alle
  persone care e cerca di
  mantenere un equilibrio tra
  le tue relazioni personali e
  sociali.

- **Crescita Personale:**
  Investi in te stesso
  attraverso l'apprendimento
  continuo e la crescita
  personale. Leggi libri,
  segui corsi o sperimenta
  nuove attività che ti sfidino
  e ti facciano crescere.

- **Tempo per Te Stesso:**
  Trova momenti di
  solitudine e riflessione.
  Questo tempo per te
  stesso può aiutarti a
  conoscere meglio te
  stesso e a recuperare
  energie.

- **Obiettivi e Passioni:**
  Identifica i tuoi obiettivi e le

tue passioni nella vita. Fai un piano per raggiungerli gradualmente e mantieni un equilibrio tra il perseguimento di questi obiettivi e il godimento del presente.

- **Gestione del Tempo:** Impara a gestire il tuo tempo in modo efficace. Priorizza le attività più importanti e impara a dire "no" quando è necessario.

- **Contributi Sociali:** Cerca modi per dare alla comunità o alla società. Il volontariato o l'aiuto agli altri può portare un senso di appagamento e realizzazione.

- **Hobby e Interessi:** Coltiva i tuoi hobby e interessi. Queste attività possono essere un'importante fonte di gioia e equilibrio nella vita.

Ricorda che l'equilibrio nella vita può variare da persona a persona, e ciò che è equilibrato per te potrebbe non esserlo per qualcun altro. È importante ascoltare te stesso, fare regolarmente un bilancio della tua vita e apportare le modifiche necessarie per mantenere un equilibrio sano e soddisfacente.

La Prevenzione e l'Auto-Cura

La prevenzione è spesso trascurata ma essenziale per la nostra salute a lungo termine. Esploreremo come adottare una mentalità proattiva verso la nostra salute e il nostro benessere, cercando il Giusto Mezzo tra la negligenza e l'ipochondria. Questo capitolo è un invito a esplorare come il Giusto Mezzo nella salute e nel benessere possa portare a una vita più sana, energica e soddisfacente. Impareremo a evitare gli estremi nella ricerca della salute, adottando un approccio equilibrato che ci permetta di godere appieno della vita. Il Giusto Mezzo nella salute è la chiave per una vita vibrante e appagante. Siete pronti a scoprire come raggiungere questo equilibrio nella vostra vita?

Lo stress è un compagno inevitabile nella vita di tutti noi. Le sfide quotidiane, le pressioni lavorative, le preoccupazioni e le incertezze possono accumularsi e mettere a dura prova la nostra salute mentale ed emotiva. Tuttavia, il Giusto Mezzo offre un approccio per affrontare lo stress in modo equilibrato, consentendoci di mantenere la serenità mentale anche nelle situazioni più difficili.

L'arte di gestire lo stress attraverso il Giusto Mezzo inizia con la consapevolezza. Spesso, siamo così immersi nei nostri pensieri e nelle nostre preoccupazioni che perdiamo la connessione con il momento presente. La mindfulness, o consapevolezza, è una pratica che ci insegna a essere presenti e a osservare i nostri pensieri e le nostre emozioni senza giudizio. Questo ci permette di affrontare lo stress in modo più calmo ed efficace.

Una delle chiavi per applicare il Giusto Mezzo nella gestione dello stress è riconoscere i nostri limiti. Spesso ci spingiamo troppo oltre, cercando di far fronte a troppe responsabilità o impegni. Il risultato è una sensazione di sopraffazione e ansia. Il Giusto Mezzo ci insegna a dire "basta" quando è necessario, a stabilire priorità e a delegare quando possibile.

La gestione dello stress attraverso il Giusto Mezzo implica anche il ritrovare il tempo per noi stessi e per le attività che ci rigenerano. Lavorare costantemente senza pause può portare a un esaurimento fisico ed emotivo. Il Giusto Mezzo ci invita a concederci il tempo per il riposo, il relax e il piacere personale.

Un altro aspetto cruciale nella gestione dello stress è l'ottimismo realistico. Il Giusto Mezzo ci insegna a prepararci al peggio ma a sperare nel migliore. Questo approccio ci aiuta a evitare l'eccessiva preoccupazione e a mantenere una prospettiva positiva anche nelle circostanze difficili.

Infine, il supporto sociale è un elemento importante nella gestione dello stress. Condividere le preoccupazioni con gli amici, la famiglia o un professionista della salute mentale può alleviare il peso dello stress e fornire prospettive preziose.

Nel prossimo capitolo, esploreremo il Giusto Mezzo nella

carriera e nell'ambizione,
mostrando come possiamo
perseguire i nostri obiettivi
professionali senza sacrificare la
nostra salute e il nostro
benessere. Ma prima, riflettete
sullo stress nella vostra vita.
Come potete applicare il Giusto
Mezzo per gestire lo stress in
modo più equilibrato e mantenere
la serenità mentale?

Capitolo 6: Il Giusto Mezzo nella Crescita Personale

La crescita personale è un percorso di continua evoluzione e miglioramento di sé. Tuttavia, può essere difficile trovare il bilancio tra l'ambizione di crescere e il mantenimento dell'equilibrio nella vita quotidiana. In questo capitolo, esploreremo come applicare il concetto di "Il Giusto Mezzo" alla crescita personale, per raggiungere obiettivi di sviluppo personale senza perdere di vista il benessere complessivo.

Obiettivi Realistici e Sostenibili

La chiave per una crescita personale sostenibile è impostare obiettivi realistici. Impareremo a definire obiettivi che siano ambiziosi ma raggiungibili, evitando la frustrazione e il burnout.

Definire obiettivi ambiziosi ma raggiungibili è fondamentale per evitare la frustrazione e il burnout. Ecco come farlo:

- **Suddividi gli obiettivi in fasi:** Piuttosto che fissare un unico obiettivo massiccio, suddividilo in obiettivi più piccoli e gestibili. Questo rende il percorso verso l'obiettivo finale meno intimidatorio e più gratificante a ogni piccolo progresso.

- **Sii realistico:** Valuta attentamente le tue risorse, il tempo a disposizione e le tue capacità attuali. Assicurati che gli obiettivi che definisci siano realistici in base a queste considerazioni. È importante sfidarti, ma senza mettere in pericolo il tuo benessere.

- **Mantieni la flessibilità:** La vita è imprevedibile. A volte, potresti dover adattare i tuoi obiettivi a nuove circostanze o opportunità. Non avere paura di apportare modifiche quando necessario.

- **Stabilisci scadenze ragionevoli:** Imposta scadenze che siano realistiche e sostenibili. Evita di sovraccaricarti con obiettivi troppo stringenti nel tempo.

- **Misura e celebra i progressi:** Tieni traccia dei tuoi progressi verso gli obiettivi. Questo ti aiuterà a vedere quanto sei vicino al raggiungimento del successo. E non dimenticare di celebrare le piccole vittorie lungo il percorso.

- **Chiedi supporto:** Se ti senti sopraffatto o inizia a sorgere la frustrazione, cerca il supporto di amici, familiari o professionisti. A volte, condividere le tue sfide e ricevere consigli può essere estremamente utile.

- **Esercita l'auto-compassione:** Non essere troppo duro con te stesso se le cose non vanno esattamente come previsto. La perfezione non è sempre possibile. Accetta gli ostacoli e le sfide come opportunità di crescita.

- **Rivedi e adatta:** Periodicamente, rivedi i tuoi obiettivi e il tuo progresso. Questo ti consentirà di apportare eventuali modifiche in base alle tue esperienze e alla tua crescita.

In sintesi, definire obiettivi ambiziosi ma raggiungibili richiede pianificazione, realismo e flessibilità. Questo approccio ti permetterà di mantenere alta la motivazione e prevenire la frustrazione e il burnout nel perseguimento dei tuoi obiettivi.

La Pazienza e la Persistenza

La crescita personale richiede tempo e sforzo costante. Esploreremo l'importanza della pazienza e della persistenza nel perseguire il cambiamento e il miglioramento di sé.

La pazienza e la persistenza giocano un ruolo cruciale nel perseguire il cambiamento e il miglioramento di sé. Ecco perché sono importanti:

- **Progresso Graduale:** Il cambiamento personale e il miglioramento richiedono

tempo. La pazienza
consente di affrontare le
sfide gradualmente, senza
aspettarsi risultati
immediati. È essenziale
accettare che il progresso
non sarà lineare e
costante.

- **Resilienza:** La persistenza
  è la capacità di continuare
  a lavorare verso un
  obiettivo nonostante gli
  ostacoli e le difficoltà. Nel
  percorso di cambiamento
  personale, ci saranno
  momenti difficili. La
  persistenza ti aiuta a
  superarli anziché
  arrenderti.

- **Apprendimento:** La
  pazienza permette di
  apprendere dagli errori e
  dalle esperienze. Il
  cambiamento richiede
  adattamento e
  miglioramento continuo, e
  la pazienza consente di

affrontare le sfide come opportunità di crescita.

- **Realizzazione Duratura:** Ottenere risultati rapidi può essere gratificante, ma spesso di breve durata. La pazienza e la persistenza portano a risultati più duraturi e significativi nel tempo.

- **Consistenza:** Il cambiamento personale richiede azioni costanti nel tempo. La pazienza e la persistenza ti aiutano a mantenere la coerenza nelle tue azioni e a sviluppare abitudini positive.

- **Autocontrollo:** La pazienza instilla autocontrollo e auto-regolamentazione. Queste abilità sono fondamentali per superare le tentazioni e le distrazioni che possono ostacolare il tuo percorso di miglioramento personale.

- **Maggiore Autostima:** Superare sfide e raggiungere obiettivi attraverso la pazienza e la persistenza aumenta la fiducia in se stessi e l'autostima.

In sintesi, la pazienza e la persistenza sono qualità vitali per il cambiamento personale e il miglioramento di sé. Consentono di affrontare le sfide, imparare dai fallimenti e ottenere risultati significativi e duraturi nel perseguimento dei tuoi obiettivi di crescita personale.

L'Equilibrio tra Conforto e Sfida

Per crescere, dobbiamo spingerci al di fuori della nostra zona di comfort. Tuttavia, è importante trovare il Giusto Mezzo tra il comfort e la sfida, evitando l'ansia e lo stress eccessivi.

Per crescere e sviluppare il proprio potenziale, è fondamentale uscire dalla zona di comfort. Tuttavia, è altrettanto importante trovare un equilibrio tra il comfort e la sfida per evitare ansia e stress eccessivi. Ecco come farlo:

- **Progressione Graduale**: Inizia lentamente ad espandere i confini della tua zona di comfort. Affronta sfide leggere inizialmente e gradualmente aumenta la complessità. Questo ti permette di acclimatare al cambiamento senza sentirlo come una brusca interruzione nella tua routine.

- **Obiettivi Realistici**: Imposta obiettivi ambiziosi ma raggiungibili. Questo ti

motiverà a spingerti al di
fuori della tua zona di
comfort senza sentirne
l'ansia. Gli obiettivi
irraggiungibili possono
causare stress.

- **Autoconsapevolezza**:
  Conosci i tuoi limiti e
  ascolta il tuo corpo e la tua
  mente. Se senti segnali di
  stress eccessivo, rallenta e
  valuta se stai spingendo
  troppo.
  L'autoconsapevolezza ti
  aiuterà a mantenere il
  controllo.

- **Pratica la Resilienza**:
  Accetta che ci saranno
  momenti di sfida e anche
  momenti in cui potresti
  fallire. La resilienza ti
  consente di affrontare
  queste sfide senza essere
  sopraffatto dall'ansia.

- **Meditazione e Mindfulness**: Pratica la meditazione e la mindfulness per gestire lo stress e rimanere centrato durante il cambiamento. Queste tecniche possono aiutarti a mantenere la calma.

- **Auto-Cura**: Assicurati di prenderti cura di te stesso fisicamente e mentalmente durante il processo di crescita. Il riposo adeguato, l'esercizio fisico e una dieta equilibrata sono essenziali.

- **Riflessione Costante**: Periodicamente, rifletti sui tuoi progressi e sulla tua situazione. Questo ti aiuterà a regolare il ritmo e ad adattare la tua strategia in base alle tue esigenze.

- **Supporto Sociale**: Cerca il supporto di amici, familiari o di un professionista se ti senti sopraffatto. Condividere le tue sfide può alleggerire il carico.

In conclusione, uscire dalla zona di comfort è cruciale per la crescita personale, ma è altrettanto importante farlo in modo equilibrato per evitare ansia e stress eccessivi. Trovare il "Giusto Mezzo" richiede consapevolezza di sé, obiettivi realistici e auto-cura.

La Riflessione e l'Auto-Consapevolezza

La crescita personale richiede anche riflessione e auto-consapevolezza. Impareremo a riconoscere i nostri punti di forza e debolezza e a utilizzare questa consapevolezza per guidare la crescita.

Riconoscere i nostri punti di forza
e debolezza è fondamentale per
guidare la crescita personale.
Ecco come puoi farlo:

- **Autovalutazione**: Dedica
  del tempo
  all'autovalutazione sincera.
  Rifletti su ciò che fai bene
  e su ciò che potresti
  migliorare. Chiedi anche
  feedback da persone di
  fiducia.

- **Analisi SWOT**: Utilizza
  l'analisi SWOT (Strengths,
  Weaknesses,
  Opportunities, Threats) per
  identificare i tuoi punti di
  forza (Strengths) e
  debolezza (Weaknesses).
  Questo strumento ti aiuterà
  a ottenere una visione
  chiara di te stesso.

- **Ascolto Attivo**: Presta
  attenzione a come reagisci
  nelle diverse situazioni.
  Cosa ti entusiasma e cosa

ti spaventa? Questi sono segnali dei tuoi punti di forza e debolezza.

- **Feedback Esterno**: Accetta feedback onesto da colleghi, amici e familiari. A volte, gli altri vedono aspetti di te che potresti non riconoscere da solo.

- **Crescita Progressiva**: Dopo aver identificato i punti di debolezza, cerca opportunità di miglioramento. Impara nuove competenze o lavora su quelle esistenti.

- **Valorizzazione dei Punti di Forza**: Metti in evidenza i tuoi punti di forza nelle tue attività quotidiane. Sfruttali per ottenere successo e soddisfazione.

- **Obiettivi Realistici**:
  Quando pianifichi obiettivi
  di crescita, tieni conto dei
  tuoi punti di forza e
  debolezza. Imposta
  obiettivi realistici che ti
  sfidino senza essere
  irraggiungibili.

- **Auto-Cura**: Durante il
  processo di crescita,
  prenditi cura di te stesso
  fisicamente e
  mentalmente. Il benessere
  generale favorisce la tua
  capacità di crescere.

- **Monitoraggio Continuo**:
  Periodicamente, riesamina
  i tuoi punti di forza e
  debolezza poiché possono
  evolversi nel tempo.
  Mantieni un atteggiamento
  aperto al cambiamento.

- **Supporto**: Cerca il
  supporto di mentor, coach
  o terapisti se senti che hai
  bisogno di un aiuto

esterno per affrontare le tue sfide.

Riconoscere e utilizzare la consapevolezza dei tuoi punti di forza e debolezza è un passo essenziale verso la crescita personale e il successo in ogni area della vita.

La Gestione del Tempo e delle Priorità

Troppo spesso, ci sovraccarichiamo di impegni e attività, rendendo difficile concentrarsi sulla crescita personale. Esploreremo come gestire il tempo e le priorità per fare spazio alla nostra evoluzione.

Gestire il tempo e le priorità è fondamentale per fare spazio alla nostra evoluzione personale. Ecco come farlo:

- **Pianificazione giornaliera**: Inizia la giornata pianificando cosa devi fare. Fai una lista delle attività da completare e assegna loro una priorità.

- **Matrice di Eisenhower**: Utilizza la Matrice di Eisenhower per distinguere tra attività urgenti e importanti. Concentrati sulle attività importanti che contribuiscono alla tua crescita.

- **Delega**: Se possibile, delega attività meno importanti o ripetitive ad altri, in modo da concentrarti su ciò che è davvero significativo per la tua evoluzione.

- **Imposta obiettivi a lungo termine**: Definisci obiettivi chiari a lungo termine per la tua crescita personale. Questi obiettivi ti daranno una direzione e ti aiuteranno a prendere decisioni basate sulla priorità.

- **Flessibilità**: Sii flessibile nella gestione del tuo tempo. A volte, è necessario adattarsi a situazioni impreviste o opportunità inaspettate che possono contribuire alla tua crescita.

- **Impara a dire "no"**: Non hai bisogno di accettare ogni richiesta o impegno. Impara a dire "no" a ciò che non è fondamentale per il tuo sviluppo personale.

- **Fai pause regolari**: Assicurati di prendere pause durante la giornata per rigenerarti. Una mente fresca è più efficace nella gestione del tempo.

- **Utilizza strumenti di gestione del tempo**: Esistono numerosi strumenti e app per la gestione del tempo, come Trello o Asana, che possono aiutarti a organizzare le attività e le priorità.

- **Auto-riflessione**: Periodicamente, rifletti sul tuo utilizzo del tempo. Chiediti se stai investendo il tempo nelle aree che contribuiscono realmente alla tua crescita.

- **Apprendimento continuo**: Dedica del tempo all'apprendimento continuo. Acquisire nuove conoscenze e competenze è un elemento chiave per l'evoluzione personale.

Gestendo il tempo in modo efficace e assegnando priorità alle attività che favoriscono la tua crescita, creerai lo spazio necessario per evolvere e raggiungere i tuoi obiettivi personali.

L'Accettazione di Sé e la Compassione

La crescita personale non dovrebbe essere un processo di auto-miglioramento ossessivo. Impareremo l'importanza dell'accettazione di sé e della compassione nel percorso di crescita.
Questo capitolo è un viaggio nell'arte della crescita personale equilibrata. Impareremo a coltivare una mentalità di miglioramento costante, senza cadere nell'iper-perfezionismo o nella fuga dall'equilibrio. Il Giusto Mezzo nella crescita personale è la chiave per diventare la migliore versione di sé stessi senza sacrificare il benessere e la felicità. Siete pronti a iniziare questo viaggio di auto-

esplorazione e miglioramento equilibrato?

La crescita personale e spirituale è un viaggio intrinseco all'essere umano. È la ricerca della conoscenza, della consapevolezza e del significato che arricchisce la nostra vita interiore. Il Giusto Mezzo in questo contesto ci invita a bilanciare il desiderio di crescita con la pace interiore e la serenità.

Nella nostra epoca frenetica, siamo spesso spinti a perseguire la crescita personale in modo incessante, come se dovessimo costantemente migliorarci. Tuttavia, questo approccio può portare a una sensazione di insoddisfazione costante e a un'ansia perenne. Il Giusto Mezzo ci insegna a coltivare la crescita personale in modo equilibrato, apprezzando il nostro progresso senza mai sentirci incompleti.

La crescita personale può assumere molte forme, dall'apprendimento continuo e dalla lettura al perseguimento di nuove abilità e passioni. Il Giusto Mezzo sta nel trovare il giusto equilibrio tra il desiderio di crescere e l'accettazione di noi stessi come siamo. L'importanza di abbracciare la nostra autenticità e di non giudicare il nostro valore basandoci esclusivamente sui traguardi raggiunti.

La dimensione spirituale è un altro aspetto della crescita personale che il Giusto Mezzo può arricchire. La ricerca di significato e di connessione con qualcosa di più grande di noi stessi è una parte essenziale della vita per molti. Il Giusto Mezzo in questo contesto ci insegna a esplorare la spiritualità in modo aperto e rispettoso delle diverse prospettive, senza cadere nell'estremismo religioso o nell'assenza completa di spiritualità.

La pratica della meditazione e della mindfulness può essere uno strumento prezioso per coltivare la crescita personale e spirituale attraverso il Giusto Mezzo. Queste pratiche ci aiutano a sviluppare la consapevolezza di noi stessi e del mondo che ci circonda, consentendoci di approfondire la nostra comprensione e la nostra connessione con la realtà profonda.

L'atteggiamento di gratitudine è un elemento chiave della crescita personale e spirituale attraverso il Giusto Mezzo. Essere grati per ciò che abbiamo nella vita, per le lezioni apprese dalle sfide e per le gioie quotidiane può arricchire profondamente il nostro viaggio interiore.

Nel prossimo capitolo, esploreremo il Giusto Mezzo nel

vivere nel presente, mostrando come possiamo godere di ogni momento senza perdere di vista il passato o il futuro.
Ma prima, riflettete sulla vostra crescita personale e spirituale. Come potete applicare il Giusto Mezzo per coltivare la vostra conoscenza, consapevolezza e significato senza perdere la pace interiore?

Capitolo 7: Il Giusto Mezzo nella Gestione del Tempo

Il tempo è una risorsa preziosa e limitata, e come lo gestiamo può avere un impatto profondo sulla nostra vita. Troppo spesso ci troviamo a lottare con la sensazione di avere troppo da fare e troppo poco tempo. In questo capitolo, esploreremo come applicare il concetto di "Il Giusto Mezzo" nella gestione del tempo, per massimizzare la produttività e il benessere senza cadere nell'ansia e nello stress.

La Prioritizzazione Efficace

Uno dei pilastri della gestione del tempo è la capacità di stabilire priorità. Impareremo a identificare le attività più importanti e a concentrarci su di esse, evitando di sprecare tempo su cose meno significative.

Per identificare le attività più importanti e concentrarsi su di esse, evitando di sprecare tempo su cose meno significative, puoi seguire questi passaggi:

- **Pianificazione**: Inizia ogni giornata o settimana con una pianificazione. Scrivi un elenco delle attività che devi affrontare.

- **Priorità**: Valuta ciascuna attività in base alla sua importanza. Chiediti quale di esse contribuirà maggiormente ai tuoi obiettivi a lungo termine.

- **Matrice di Eisenhower**: Usa la Matrice di Eisenhower, che divide le attività in quattro categorie: Urgente e Importante, Urgente ma Non Importante, Importante ma Non Urgente, Non Importante e Non Urgente. Concentrati sulla prima categoria.

- **Obiettivi chiari**: Assicurati di avere obiettivi chiari a lungo termine. Questi ti aiuteranno a identificare meglio le attività prioritarie.

- **Delega**: Se possibile, delega attività meno importanti ad altri, in modo da liberare tempo per ciò che conta davvero.

- **Elimina distrazioni**: Riduci le distrazioni come notifiche di telefono o social media mentre lavori sulle attività importanti.

- **Flessibilità**: Mantieni una certa flessibilità nella tua pianificazione per adattarti a situazioni impreviste, ma non permettere che le attività meno significative prendano il sopravvento.

- **Auto-valutazione**: Periodicamente, valuta come stai gestendo il tuo tempo. Chiediti se le tue attività sono allineate ai tuoi obiettivi.

- **Apprendimento continuo**: Sviluppa la tua abilità di riconoscere ciò che è veramente importante per te e il tuo successo.

- **Celebra il progresso**: Riconosci i tuoi successi quando completi le attività importanti. Questo ti motiverà a continuare a concentrarti su ciò che conta.

Seguendo questi passaggi, sarai in grado di identificare e concentrarti sulle attività più importanti, evitando di sprecare tempo su cose meno significative e contribuendo al tuo successo personale e professionale.

Il Bilancio tra Lavoro e Vita Personale

Il Giusto Mezzo tra lavoro e vita personale è essenziale per il benessere complessivo. Esploreremo strategie per bilanciare le richieste della carriera con il tempo dedicato alla famiglia, agli hobby e al relax.

Il bilanciamento tra le richieste della carriera, la famiglia, gli hobby e il relax è essenziale per una vita soddisfacente e appagante. Ecco alcune strategie per aiutarti a trovare questo equilibrio:

- **Pianificazione**: Crea un piano settimanale o mensile che includa tempo dedicato alla carriera, alla famiglia, agli hobby e al relax. Questo ti aiuterà a visualizzare come stai distribuendo il tuo tempo.

- **Priorità**: Identifica le tue priorità in ogni area della vita. Cosa è più importante per te? Assicurati di dedicare più tempo alle tue priorità.

- **Delega**: Se sei in grado di farlo, delega alcune responsabilità sul fronte della carriera o domestico per liberare tempo per altre attività.

- **Comunicazione**: Comunica con la tua famiglia o il tuo partner riguardo alle tue esigenze lavorative e ai momenti in cui desideri essere con loro. Una comunicazione aperta può aiutare a evitare conflitti.

- **Tempo di qualità**: Quando sei con la famiglia o impegnato negli hobby, concentrati sulla qualità del tempo trascorso anziché sulla quantità.

- **Limita le distrazioni**:
Riduci le distrazioni
durante il lavoro per essere
più produttivo, in modo da
poter finire prima e
trascorrere del tempo con
la famiglia o dedicarti agli
hobby.

- **Self-care**: Non trascurare
il tempo per te stesso. Il
relax e l'autocura sono
fondamentali per
mantenere un equilibrio
sano.

- **Flessibilità**: Sii flessibile e
adatta il tuo piano quando
necessario. La vita è
imprevedibile, quindi sii
pronto a fare
aggiustamenti.

- **Apprendimento continuo**:
Cerca costantemente modi
per migliorare il tuo
bilanciamento tra carriera e

vita personale.
L'apprendimento continuo
è la chiave per adattarsi ai
cambiamenti.

- **Appoggio**: Cerca il
  sostegno della famiglia,
  degli amici o di un
  consulente professionale
  se necessario. A volte,
  avere qualcuno con cui
  parlare può fare la
  differenza.

Ogni individuo ha esigenze
diverse, quindi è importante
trovare le strategie che
funzionano meglio per te e la tua
situazione. Mantenere un
equilibrio tra queste diverse sfere
della vita ti aiuterà a vivere in
modo più armonioso e
soddisfacente.

**La Tecnologia e la Distrazione
Digitale**

Le tecnologie moderne offrono
molte opportunità, ma possono

anche essere fonte di distrazione e perdita di tempo. Impareremo a utilizzare la tecnologia in modo più consapevole, riducendo le distrazioni digitali e ritrovando il controllo del nostro tempo.

Utilizzare la tecnologia in modo più consapevole e ridurre le distrazioni digitali può migliorare significativamente il controllo del nostro tempo. Ecco alcune strategie:

- **Imposta limiti di tempo**: Usa funzioni o app di controllo del tempo per impostare limiti su quanto tempo dedichi a determinate app o attività online. Ad esempio, puoi utilizzare la funzione "Tempo schermo" su dispositivi iOS o app di gestione del tempo come Forest.

- **Disattiva le notifiche non essenziali**: Riduci al minimo le notifiche sul tuo telefono o computer. Mantieni solo quelle essenziali, come messaggi urgenti o comunicazioni di lavoro, e disattiva le notifiche delle app social o dei giochi.

- **Organizza il tuo spazio di lavoro digitale**: Mantieni il tuo desktop e le cartelle organizzati. Elimina i file inutili e archivia in modo ordinato i documenti importanti. Un ambiente digitale pulito aiuta a ridurre lo stress e le distrazioni.

- **Imposta orari dedicati**: Stabilisci orari specifici per le attività digitali, come la gestione delle email o l'uso dei social media. Rispetta questi orari per evitare di essere costantemente online.

- **Pratica il "digital detox"**: Dedica periodi di tempo regolari durante la giornata o la settimana in cui spegni completamente dispositivi digitali. Questo può aiutarti a rilassarti e a riconnetterti con il mondo reale.

- **Utilizza app di mindfulness**: App come Headspace o Mindfulness possono aiutarti a ridurre lo stress e ad aumentare la consapevolezza sul tuo utilizzo della tecnologia.

- **Definisci obiettivi chiari**: Prima di iniziare un'attività digitale, stabilisci obiettivi chiari su ciò che intendi fare. Questo ti aiuterà a rimanere focalizzato sulla tua missione.

- **Monitora il tuo utilizzo**: Utilizza app di monitoraggio del tempo per tenere traccia di quanto tempo passi su diverse attività digitali. Questo ti darà una visione chiara dei tuoi schemi di utilizzo.

- **Coinvolgi gli altri**: Parla con amici o familiari e coinvolgili nel tuo impegno a utilizzare la tecnologia in modo più consapevole. Possono aiutarti a rimanere responsabile.

- **Ricompensati**: Dopo aver completato un compito digitale importante o aver rispettato un limite di tempo, concediti una piccola ricompensa per motivarti a mantenere buone abitudini.

L'utilizzo consapevole della tecnologia richiede pratica e disciplina, ma può portare a una maggiore produttività, meno stress e un migliore controllo del tuo tempo.

La Pianificazione e la Gestione delle Scadenze

Una pianificazione efficace è fondamentale per sfruttare al massimo il tempo a nostra disposizione. Esploreremo tecniche di pianificazione e gestione delle scadenze per mantenere l'organizzazione e la chiarezza nella nostra vita.

La Creatività e il Tempo Libero

Il Giusto Mezzo non riguarda solo il lavoro, ma anche la creatività e il tempo libero. Esploreremo come trovare il tempo per le passioni creative e per il relax, contribuendo al nostro benessere complessivo.

Trovare il tempo per le passioni creative e il relax è fondamentale per il nostro benessere complessivo. Ecco alcune strategie per farlo:

- **Pianificazione**: Dedica del tempo nella tua agenda per le passioni creative e il relax, proprio come fai per gli impegni lavorativi. Tratta questi momenti con la stessa importanza.

- **Semplicità**: Semplifica la tua routine quotidiana per liberare spazio per le attività creative e il relax. Riduci al minimo le attività non essenziali o delegale ad altri, se possibile.

- **Priorità**: Riconosci l'importanza di queste attività per il tuo benessere e mettile in cima alla lista delle tue priorità. Ciò significa dire "no" a impegni che possono essere sacrificati.

- **Gestione del tempo**:
  Utilizza tecniche di
  gestione del tempo, come
  il "Pomodoro Technique",
  per concentrarti
  intensamente sulle
  passioni creative per brevi
  periodi e quindi concederti
  pause di relax.

- **Delega e coinvolgi la
  famiglia**: Se hai impegni
  familiari, coinvolgi la
  famiglia nelle tue passioni
  creative o cerca di
  delegare alcune
  responsabilità per liberare
  tempo.

- **Hobby condivisi**: Cerca
  hobby o attività creative
  che puoi condividere con
  amici o familiari. Questo
  può rendere il tempo
  trascorso insieme ancora
  più prezioso.

- **Digital Detox**: Riduci le distrazioni digitali e il tempo speso su dispositivi e social media. Questo libererà del tempo per dedicarti alle tue passioni.

- **Esplora attività brevi**: Non devi necessariamente impegnarti in progetti creativi lunghi. Anche attività creative brevi, come la pittura o la scrittura, possono apportare benefici.

- **Mindfulness**: Pratica la mindfulness per essere più presente nel momento e goderti appieno le tue attività creative e di relax.

- **Auto-cura**: Ricorda che prenderti cura di te stesso è essenziale per il tuo benessere complessivo. Non sentirti in colpa per dedicare tempo a te stesso.

Trova l'equilibrio tra le tue responsabilità e il tempo per le tue passioni creative e il relax. Questo contribuirà significativamente al tuo benessere fisico e mentale.

L'Apprezzamento del Tempo Presente

Infine, impareremo l'importanza di vivere nel momento presente. Spesso siamo così concentrati sul futuro o preoccupati del passato che perdiamo di vista il presente. Troveremo il Giusto Mezzo tra la pianificazione per il futuro e l'apprezzamento del qui e ora.

Questo capitolo è un invito a esplorare come il Giusto Mezzo nella gestione del tempo possa portare a una vita più equilibrata e produttiva. Impareremo a sfruttare al meglio il nostro tempo, a ridurre lo stress legato alle scadenze e a creare spazio per le attività che ci arricchiscono. Il Giusto Mezzo nella gestione del tempo è la chiave per una vita più significativa e meno frenetica. Siete pronti a iniziare il viaggio verso un uso più equilibrato e consapevole del vostro tempo?

Il benessere fisico è una componente fondamentale della nostra vita. La salute del nostro corpo influisce direttamente sulla qualità complessiva della nostra esistenza. Il Giusto Mezzo in questo contesto ci insegna a prendere cura del nostro corpo senza trascurare la soddisfazione dei nostri desideri e piaceri.

Troppo spesso, l'approccio all'attenzione alla salute oscilla tra l'eccesso e l'indifferenza. Da un lato, possiamo diventare ossessionati dalla perfezione fisica, seguendo diete estreme e allenamenti intensi. Dall'altro, possiamo trascurare completamente la nostra salute, cedendo a cattive abitudini alimentari e stili di vita sedentari. Il Giusto Mezzo sta nel mezzo di questi due estremi, dove troviamo la capacità di coltivare una vita sana senza diventare ossessionati dall'aspetto fisico.

Una dieta equilibrata è un elemento chiave del benessere fisico. Il Giusto Mezzo ci insegna a scegliere cibi nutrienti che sostengano la nostra salute, ma ci permette anche di concederci piaceri occasionali senza colpe. La moderazione è la chiave. Mangiare con consapevolezza, ascoltando il nostro corpo e i suoi bisogni, ci aiuta a mantenere un rapporto sano con il cibo.

L'esercizio fisico è un altro pilastro del benessere. Il Giusto Mezzo ci suggerisce di trovare un equilibrio tra il movimento e il riposo. L'importanza dell'attività fisica non può essere sottovalutata, ma è anche essenziale concedere al corpo il tempo di recuperare e rigenerarsi.

Il riposo e il sonno di qualità sono spesso trascurati nella nostra società frenetica. Il Giusto Mezzo ci ricorda che il sonno è essenziale per la nostra salute fisica e mentale. Prendersi il tempo per riposare è un atto di autenticità e auto-curadel nostro corpo.

Il benessere fisico non riguarda solo il corpo, ma anche la mente e l'anima. La gestione dello stress, la meditazione e la pratica della mindfulness possono contribuire a mantenere un equilibrio mentale ed emotivo.

Infine, l'autocompassione è un elemento fondamentale del benessere fisico. Il Giusto Mezzo ci insegna a trattare il nostro corpo con gentilezza e rispetto, ad accettare i suoi limiti e imperfezioni.
Nel prossimo capitolo, esploreremo il Giusto Mezzo nella preparazione al futuro, mostrando

come possiamo bilanciare la pianificazione e la preparazione con la gioia del presente. Ma prima, riflettete sul vostro benessere fisico. Come potete applicare il Giusto Mezzo per mantenere un equilibrio tra la cura del corpo e la soddisfazione dei vostri desideri?

Capitolo 8: Il Giusto Mezzo nell'Etica e nella Morale

La nostra condotta etica e morale gioca un ruolo fondamentale nella nostra vita, plasmando le nostre decisioni e le nostre azioni. Troppo spesso, ci troviamo ad affrontare il dilemma tra la rigidità morale e la compromissione etica. In questo capitolo, esploreremo come applicare il concetto di "Il Giusto Mezzo" nell'ambito dell'etica e della morale, per prendere decisioni ponderate e guidare la nostra vita con saggezza.

La Comprensione delle Differenze Morali

Le persone hanno diverse prospettive etiche e morali, e il Giusto Mezzo richiede la capacità di comprendere e rispettare queste differenze. Impareremo a navigare tra le varie prospettive etiche e a trovare terreno comune.

Per navigare tra le varie prospettive etiche e trovare terreno comune, è importante seguire alcune linee guida:

- **Studiare le diverse prospettive etiche**: Inizia studiando le principali teorie etiche, come l'etica deontologica, l'etica consequenzialista e l'etica della virtù. Comprendere le basi di ciascuna prospettiva ti aiuterà a vedere le differenze e le similitudini.

- **Ascolto attivo**: Quando sei coinvolto in discussioni etiche, pratica l'ascolto attivo. Cerca di capire le opinioni degli altri senza giudicare. Questo favorisce il dialogo e la comprensione reciproca.

- **Ricerca approfondita**: Prima di formare una tua opinione, fai una ricerca approfondita su un argomento etico specifico. Esamina le argomentazioni da diverse prospettive e valuta le evidenze.

- **Crea un ambiente aperto**: Se sei coinvolto in discussioni etiche con gli altri, crea un ambiente aperto e rispettoso in cui ciascuno possa esprimere le proprie opinioni senza timore di giudizio.

- **Identifica punti in comune**: Cerca i punti in comune tra le diverse prospettive. Spesso, anche se le teorie etiche sono diverse, ci sono valori condivisi su cui costruire un terreno comune.

- **Etica applicata**: Applica le teorie etiche alle situazioni reali. Chiediti quale prospettiva etica offre la soluzione migliore per un problema specifico.

- **Compromesso**: In alcune situazioni, potresti dover cercare un compromesso tra diverse prospettive etiche per trovare un terreno comune accettabile per tutti.

- **Riflessione continua**: La navigazione tra prospettive etiche richiede una riflessione continua. Le tue opinioni possono evolversi con il tempo, quindi mantieni una mente aperta.

- **Dialogo interculturale**: Se stai affrontando questioni etiche in contesti culturalmente diversi, sii sensibile alle differenze culturali e cerca di comprendere le prospettive culturali.

- **Consulenza professionale**: In alcune situazioni complesse, potrebbe essere utile consultare esperti o consulenti etici per aiutarti a trovare un terreno comune.

La navigazione tra prospettive etiche richiede pazienza, apertura mentale e un impegno continuo per il dialogo costruttivo. Trovare un terreno comune può essere sfidante, ma è fondamentale per affrontare questioni etiche complesse in modo collaborativo e responsabile.

La Flessibilità Etica e la Crescita Personale

L'etica non è una scienza esatta, ma piuttosto un terreno in continua evoluzione. Esploreremo

come essere eticamente flessibili,
permettendoci di crescere e
adattarci alle nuove informazioni e
alle nuove sfide.

Essere eticamente flessibili è una
competenza importante che ci
consente di crescere e adattarci
alle nuove informazioni e alle
nuove sfide senza compromettere
i nostri valori fondamentali. Ecco
alcune strategie per sviluppare
questa capacità:

- **Apertura mentale**: Sii
  aperto a esplorare nuove
  idee e punti di vista.
  Accetta che le tue
  convinzioni possano
  cambiare con il tempo in
  base a nuove informazioni.

- **Auto-riflessione**: Rifletti
  regolarmente sui tuoi valori
  e principi etici. Chiediti
  perché credi in ciò che
  credi e se ci sono spazi
  per adattamenti o

evoluzioni.

- **Ascolto attivo**: Ascolta con attenzione le opinioni degli altri, anche se sono diverse dalle tue. Cerca di capire il loro punto di vista e chiediti se ci sono elementi validi nelle loro argomentazioni.

- **Studi etici**: Approfondisci lo studio dell'etica e delle teorie etiche. Questo ti aiuterà a comprendere meglio i fondamenti delle tue convinzioni e a esplorare nuove prospettive.

- **Discussione costruttiva**: Partecipa a discussioni etiche costruttive con altre persone. Questo ti esporrà a diverse opinioni e ti permetterà di affinare le tue posizioni.

- **Flessibilità cognitiva**: Sviluppa la capacità di adattare il tuo pensiero in base alle circostanze. Riconosci che ciò che è eticamente corretto in una situazione potrebbe non esserlo in un'altra.

- **Valutazione delle conseguenze**: Considera attentamente le conseguenze delle tue azioni e decisioni in termini etici. Chiediti se le tue azioni rispettano i tuoi valori e quelli della comunità in cui vivi.

- **Feedback**: Chiedi feedback ad amici, colleghi o mentori sulla tua flessibilità etica. Spesso, gli altri possono offrire prospettive preziose.

- **Obiettività**: Cerca di mantenere un atteggiamento obiettivo nelle situazioni etiche, evitando di farti influenzare da emozioni e pregiudizi personali.

- **Apprendimento continuo**: L'etica è un campo in evoluzione. Continua a imparare e aggiornare le tue conoscenze etiche per rimanere informato sulle nuove sfide e sviluppi.

Essere eticamente flessibili non significa compromettere i propri valori, ma piuttosto essere disposti a esplorare e adattarsi in modo consapevole, consentendo una crescita personale e una migliore capacità di affrontare le nuove sfide etiche.

La Compassione e il Perdono

Il Giusto Mezzo nell'etica include anche la compassione e il perdono. Impareremo a essere compassionevoli verso gli altri e verso noi stessi, e a comprendere il potere trasformativo del perdono.

Imparare a essere compassionevoli verso gli altri e verso noi stessi è un processo importante che può portare a una maggiore comprensione del potere trasformativo del perdono. Ecco alcune strategie per sviluppare la compassione e comprendere il perdono:

- **Pratica la Mindfulness:** La mindfulness è una pratica che ti aiuta a essere consapevole del momento presente in modo non giudicante. Questo può favorire la compassione verso gli altri e te stesso, poiché ti permette di essere più attento e presente nelle relazioni.

- **Sviluppa l'Empatia**: Cerca di metterti nei panni degli altri per comprendere i loro sentimenti e le loro prospettive. L'empatia è fondamentale per coltivare la compassione.

- **Pratica l'Auto-Compassione**: Tratta te stesso con gentilezza e comprensione. Non essere troppo severo con te stesso quando commetti errori o affronti sfide.

- **Comprendi il Perdono**: Studia il concetto di perdono e come può portare alla guarigione delle relazioni e del benessere emotivo. Il perdono non significa necessariamente approvare il comportamento, ma liberarsi dalla rabbia e dalla rancora.

- **Ascolto Attivo**: Quando qualcuno si rivolge a te con un problema o un conflitto, pratica l'ascolto attivo. Mostra empatia e comprendi le sue emozioni.

- **Sii Gentile con le Parole**: Usa parole gentili e rispettose quando ti rivolgi agli altri e quando ti parli da solo. Evita critiche e giudizi negativi.

- **Impara dalle Esperienze Passate**: Rifletti sulle tue esperienze passate di perdono e compassione. Cosa hai imparato da esse? Come possono guidarti nel futuro?

- **Crescita Personale**: Comprendi che la compassione e il perdono sono parte della crescita personale. Accetta che sia un processo in evoluzione.

- **Counseling o Psicoterapia**: In alcuni casi, potrebbe essere utile cercare il supporto di un professionista della salute mentale per affrontare situazioni complesse di perdono e compassione.

- **Condivisione di Storie di Successo**: Ascolta e condividi storie di successo di perdono e compassione. Questo può ispirarti e darti nuove prospettive.

La compassione e il perdono possono portare a una maggiore pace interiore, relazioni più sane e una migliore comprensione del potere trasformativo della gentilezza e della comprensione.

Il Bilancio tra Principi e Praticità

Prendere decisioni etiche spesso coinvolge un equilibrio tra principi e praticità. Esploreremo come trovare il Giusto Mezzo tra l'aderire rigidamente ai principi e l'adattarli alle circostanze.

Trovare il Giusto Mezzo tra l'aderire rigidamente ai principi e l'adattarli alle circostanze è una sfida complessa che coinvolge la virtù dell'equità e la capacità di discernimento. Questo concetto è stato ampiamente discusso nella filosofia, in particolare da Aristotele. Ecco come puoi esplorare questa idea:

- **Studia Aristotele**: Aristotele ha introdotto il concetto di "virtù etica" o "medietà" nel suo approccio all'etica. Leggi opere come l'"Etica Nicomachea" per comprendere come definisce il Giusto Mezzo come il punto di equilibrio tra gli estremi.

- **Applica il Discernimento**: Sviluppa la capacità di discernere quando è appropriato aderire rigidamente ai principi e quando è necessario adattarli alle circostanze. Questo richiede saggezza e giudizio.

- **Studia Esempi Storici**: Esamina casi storici in cui l'equità è stata applicata con successo o è mancata. Studiando situazioni del passato, puoi imparare a valutare meglio le circostanze attuali.

- **Rifletti sui Tuoi Valori**: Chiarisci i tuoi valori fondamentali. Questo ti aiuterà a stabilire principi guida su cui basare le tue decisioni.

- **Pratica la Flessibilità**: Sii disposto a riconsiderare i principi in base alle circostanze. La flessibilità non significa tradire i tuoi valori, ma essere aperti alle sfumature e alle eccezioni.

- **Cerca Consiglio**: Parla con persone di fiducia o mentori che hanno esperienza nel trovare il Giusto Mezzo. Possono offrire prospettive preziose.

- **Riflessione Costante**: Prenditi il tempo per riflettere costantemente sulle tue decisioni e sulle situazioni in cui ti trovi. L'autoriflessione aiuta a sviluppare la capacità di adattare i principi.

- **Pratica la Compassione**: Considera gli altri nella tua ricerca del Giusto Mezzo. La compassione può aiutarti a trovare soluzioni che tengano conto delle esigenze e dei valori degli altri.

- **Sii Aperto al Cambiamento**: Le circostanze cambiano nel tempo. Sii aperto a rivedere e aggiornare i tuoi principi in base a nuove informazioni e esperienze.

- **Accetta che sia un Processo**: Trovare il Giusto Mezzo è un processo in evoluzione. Non cercare la perfezione, ma sii disposto a imparare dai tuoi errori e adattarti alle nuove sfide.

Il trovare il Giusto Mezzo richiede tempo, pratica e autocoscienza. È un aspetto essenziale della virtù dell'equità e dell'etica applicata alla vita quotidiana.

La Responsabilità Sociale e l'Impatto Collettivo

Le nostre azioni etiche hanno un impatto sulla società e sulla comunità. Impareremo a considerare l'effetto delle nostre scelte sull'intera comunità e a trovare modi per contribuire positivamente.

Esplorando come considerare l'effetto delle nostre scelte sull'intera comunità e contribuire positivamente, possiamo adottare diverse strategie:

- **Riflessione etica**: Prima di prendere decisioni, rifletti sulle loro possibili conseguenze per la comunità. Valuta se le tue azioni rispettano valori etici come giustizia, equità e solidarietà.

- **Coinvolgimento attivo**: Partecipa attivamente alla vita della tua comunità.

Unisciti a organizzazioni locali, gruppi di volontariato o iniziative che promuovono il bene comune.

- **Educazione e sensibilizzazione**: Informa te stesso e gli altri sulla rilevanza delle tue scelte. Organizza eventi, workshop o condividi informazioni online per creare consapevolezza sugli impatti delle azioni individuali.

- **Supporto alle iniziative locali**: Sostieni le attività locali, i piccoli imprenditori e i prodotti del territorio. Questo può contribuire all'economia locale e rafforzare la comunità.

- **Riduzione dell'impatto ambientale**: Riduci il tuo impatto ambientale attraverso scelte sostenibili, come il riciclo, il risparmio energetico e l'uso di trasporti pubblici o biciclette.

- **Promozione dell'inclusione**: Lotta per l'inclusione sociale e contro la discriminazione. Promuovi la diversità e la parità di opportunità nella tua comunità.

- **Collaborazione**: Lavora insieme ad altri membri della comunità per affrontare sfide comuni e trovare soluzioni. La collaborazione può portare a risultati positivi.

- **Miglioramento dell'istruzione**: Investi nell'istruzione, sia personale che degli altri. L'istruzione è fondamentale per il progresso individuale e collettivo.

- **Partecipazione politica**: Partecipa al processo politico locale, votando alle elezioni e influenzando le decisioni dei tuoi rappresentanti per il bene della comunità.

- **Comunicazione aperta**: Mantieni una comunicazione aperta e rispettosa con gli altri membri della comunità. Ascolta le loro preoccupazioni e opinioni.

In sintesi, considerare l'effetto delle nostre scelte sulla comunità e contribuire positivamente richiede consapevolezza, azione diretta e cooperazione con gli altri. È un impegno costante per migliorare il benessere collettivo.

L'Integrità e la Coerenza

Il Giusto Mezzo nell'etica include anche l'integrità e la coerenza tra le nostre parole e i nostri atti. Esploreremo come vivere una vita etica in cui ciò che diciamo sia in linea con ciò che facciamo. Questo capitolo è un viaggio nell'arte di prendere decisioni etiche ponderate e di vivere una vita morale equilibrata. Impareremo a navigare tra le sfumature dell'etica, a essere compassionevoli e flessibili, e a guidare le nostre azioni con integrità e saggezza. Il Giusto Mezzo nell'etica e nella morale è la chiave per una vita autentica e moralmente soddisfacente. Siete pronti a iniziare questo viaggio verso una condotta etica e morale equilibrata?

La preparazione al futuro è una parte inevitabile della vita. Pianifichiamo, risparmiamo e ci assicuriamo di avere un piano di sicurezza finanziaria per affrontare le sfide che l'incertezza può portare. Tuttavia, il Giusto Mezzo ci insegna a equilibrare la pianificazione e la preparazione con la capacità di godere del presente e della gioia di vivere.

È importante riconoscere che l'incertezza fa parte della vita stessa. Non possiamo prevedere con certezza ciò che ci riserverà il futuro, e cercare di controllare ogni dettaglio può portare a una sensazione di ansia e oppressione. Il Giusto Mezzo ci invita a prepararci al futuro in modo responsabile, ma senza essere ossessionati dalla paura dell'ignoto.

Uno dei modi principali per applicare il Giusto Mezzo nella preparazione al futuro è il risparmio. Risparmiare denaro è una pratica saggia e responsabile, ma è importante farlo in modo equilibrato. Troppo spesso, ci concentriamo esclusivamente sul risparmio futuro, dimenticando di godere del presente. Il Giusto Mezzo ci insegna a trovare un equilibrio tra risparmiare per il futuro e concederci piccoli piaceri nel presente.

La gestione delle finanze personali è un'altra area in cui il Giusto Mezzo è fondamentale. Il bilancio tra risparmio e spese è un equilibrio delicato. Il Giusto Mezzo ci invita a pianificare le nostre finanze in modo responsabile, tenendo conto delle nostre esigenze future senza trascurare il benessere attuale.

La pianificazione del futuro riguarda anche la preparazione per le emergenze. Avere un piano di emergenza e un fondo di riserva può offrire una sicurezza importante in tempi di crisi. Tuttavia, è altrettanto importante non vivere costantemente nell'ansia del futuro incerto, ma piuttosto vivere il presente con gratitudine e gioia.

Il Giusto Mezzo in questo contesto ci insegna anche a essere flessibili. La vita può portare cambiamenti inaspettati, e la nostra capacità di adattarci a nuove situazioni può essere altrettanto importante della pianificazione stessa.

Riflettete sulla vostra preparazione al futuro. Come potete applicare il Giusto Mezzo per bilanciare la pianificazione e la preparazione con la gioia del presente?

Capitolo 9: Il Giusto Mezzo nel Benessere Spirituale

Il benessere spirituale è un aspetto importante della nostra vita che spesso viene trascurato nell'era moderna. Troppo spesso, ci troviamo a navigare tra estremi, tra il materialismo sfrenato e l'iper-spiritualità. In questo capitolo, esploreremo come applicare il concetto di "Il Giusto Mezzo" nel benessere spirituale, per raggiungere una connessione profonda con noi stessi e con il mondo circostante senza cadere in eccessi o in rigidità spirituali.

La Riflessione e la Meditazione

La riflessione e la meditazione sono strumenti potenti per esplorare il nostro mondo interiore. Impareremo a trovare il Giusto Mezzo tra il silenzio contemplativo e l'azione nel mondo.

Esplorare il "Giusto Mezzo" tra il silenzio contemplativo e l'azione nel mondo richiede una profonda riflessione e equilibrio. Questa sfida può essere affrontata considerando diversi aspetti:

- **Bilancio tra Solitudine e Comunità**: Trovare il giusto equilibrio tra momenti di silenzio contemplativo e partecipazione attiva nella comunità è essenziale. Il silenzio permette la riflessione, mentre l'azione favorisce l'interazione con gli altri.

- **Identificazione dei Valori Fondamentali**: Definire i valori e le priorità personali aiuta a guidare le scelte. Ciò consente di concentrarsi su azioni che rispecchiano i principi profondamente sentiti.

- **Pianificazione e Gestione del Tempo**: Imparare a gestire il tempo in modo efficace è cruciale. Riservare momenti specifici per il silenzio e la contemplazione e altri per l'azione e l'impegno sociale.

- **Flessibilità e Adattabilità**: Essere aperti al cambiamento e all'adattamento alle circostanze è essenziale. A volte, il silenzio può ispirare nuove modalità di azione, mentre l'esperienza nell'azione può portare a una contemplazione più profonda.

- **Auto-Cura e Benessere**: Prendersi cura di sé stessi è fondamentale. Mantenere un equilibrio richiede attenzione alla salute fisica e mentale attraverso esercizio,

meditazione, e altre
pratiche di auto-cura.

- **Consapevolezza dell'Impatto**: Riflettere costantemente sull'effetto delle azioni sulla comunità e sul proprio benessere. Chiedersi se le azioni sono in linea con gli obiettivi di vita e con il benessere collettivo.

- **Apprendimento Continuo**: Continuare a imparare e crescere sia nel silenzio contemplativo che nell'azione. Questo favorisce la maturità spirituale e l'efficacia nell'impegno nel mondo.

- **Condivisione delle Esperienze**: Condividere le proprie esperienze con altre persone può portare a nuove prospettive e approcci.

In conclusione, trovare il Giusto Mezzo tra il silenzio contemplativo e l'azione nel mondo richiede equilibrio, consapevolezza e adattabilità. È un percorso individuale che può portare a una vita significativa e al contributo positivo alla società.

La Condivisione Spirituale

La condivisione della spiritualità con gli altri è un aspetto importante della crescita spirituale. Esploreremo come connetterci con comunità spirituali o gruppi di condivisione senza perdere la nostra individualità.

Connettersi con comunità spirituali o gruppi di condivisione senza perdere la propria individualità è un processo importante che può arricchire la nostra vita spirituale e personale. Ecco come farlo:

- **Conosci Te Stesso**: Prima di cercare una comunità, è fondamentale avere una comprensione chiara di chi sei, delle tue convinzioni e dei tuoi valori. Questo ti aiuterà a trovare un gruppo che rispecchi la tua identità.

- **Ricerca Consapevole**: Cerca comunità o gruppi che condividono i tuoi interessi spirituali o obiettivi personali. Fai ricerche online, partecipa a eventi locali o chiedi consigli a persone di fiducia.

- **Partecipa con Apertura**: Una volta trovato un gruppo, partecipa con apertura mentale ma senza perdere la tua individualità. Mantieni le tue convinzioni e valori, e contribuisci con le tue prospettive uniche.

- **Comunicazione Chiara**: Comunica apertamente con il gruppo riguardo alle tue aspettative e limiti. Una comunicazione chiara aiuterà gli altri a comprendere le tue esigenze.

- **Equilibrio tra Tempo Personale e di Gruppo**: Mantieni un equilibrio tra il tempo trascorso con la comunità e il tempo personale per la riflessione e lo sviluppo individuale.

- **Crescita Personale**: Vedi la partecipazione a una comunità come un'opportunità di crescita personale. Gli scambi con gli altri possono arricchire la tua visione del mondo e la tua spiritualità.

- **Mantieni l'Autenticità**: Sii autentico con te stesso e con gli altri membri del gruppo. La sincerità favorisce connessioni significative.

- **Ascolto Attivo**: Pratica l'ascolto attivo per comprendere le esperienze degli altri senza giudicare. Questo crea un ambiente di accettazione reciproca.

- **Rispetta le Differenze**: Rispetta le diverse opinioni e prospettive presenti nel gruppo. Le differenze arricchiscono la comunità.

- **Periodi di Solitudine**: Dedica del tempo alla solitudine e alla contemplazione per mantenere la tua connessione interiore.

In conclusione, connettersi con una comunità spirituale o un gruppo di condivisione può arricchire la nostra vita, ma è essenziale farlo senza perdere la propria individualità. Mantenere un equilibrio tra l'appartenenza al gruppo e l'affermazione della propria identità è la chiave per un'esperienza positiva e significativa.

La Natura e la Spiritualità

La connessione con la natura può essere una fonte di ispirazione spirituale. Impareremo a trovare il Giusto Mezzo tra l'apprezzamento della natura e la consapevolezza dell'ecologia e della sostenibilità.

Trova il Giusto Mezzo tra l'apprezzamento della natura e la consapevolezza dell'ecologia e della sostenibilità seguendo questi passi:

- **Connessione con la Natura**: Dedica del tempo per connetterti con la natura. Escursioni, camminate nei parchi, o semplicemente momenti di tranquillità all'aperto possono aiutarti a sviluppare un profondo apprezzamento per il mondo naturale.

- **Educazione sull'Ecologia**: Informati sull'ecologia e la sostenibilità. Leggi libri, segui corsi online o partecipa a seminari per comprendere meglio come funziona l'ecosistema e come le tue azioni possono influenzarlo.

- **Riduzione dell'Impatto Ambientale**: Applica pratiche sostenibili nella tua vita quotidiana. Riduci il consumo di plastica, risparmia energia, supporta l'agricoltura biologica e promuovi il riciclaggio.

- **Partecipazione Attiva**: Unisciti a gruppi locali o organizzazioni ambientali che lavorano per la conservazione della natura e la promozione della sostenibilità. La partecipazione attiva ti mette in contatto con altre persone con interessi simili.

- **Sostenibilità nella Vita Quotidiana**: Integra la sostenibilità nella tua vita quotidiana. Utilizza mezzi di trasporto pubblici o biciclette, riduci gli sprechi alimentari e sostieni prodotti locali e sostenibili.

- **Promozione dell'Apprezzamento della Natura**: Condividi la tua passione per la natura con gli altri. Organizza escursioni o eventi all'aperto per invitare amici e familiari a scoprire la bellezza della natura.

- **Bilancio**: Trova un equilibrio tra goderti la natura e contribuire alla sua protezione. Non è necessario diventare un attivista ambientale a tempo pieno, ma ogni piccolo sforzo conta.

- **Apprezzamento della Bellezza Naturale**: Coltiva un profondo apprezzamento per la bellezza della natura. Fotografia, pittura o semplicemente osservare attentamente gli elementi naturali può rafforzare il tuo legame con l'ambiente.

- **Educazione Continua**: Mantieni sempre aperta la tua mente all'apprendimento e alla crescita. La comprensione dell'ecologia è un processo continuo.

- **Insegnamento agli Altri**: Infine, condividi le tue conoscenze ed esperienze con gli altri. L'educazione ambientale è fondamentale per promuovere una maggiore consapevolezza ecologica nella società.

Trova il Giusto Mezzo tra l'apprezzamento della natura e la consapevolezza dell'ecologia e della sostenibilità per vivere in armonia con il pianeta e contribuire alla sua protezione.

La Compassione e la Gentilezza

Il Giusto Mezzo nella spiritualità include anche la compassione e la gentilezza verso gli altri. Esploreremo come coltivare la compassione senza diventare moralisti spirituali.

Coltivare la compassione senza diventare moralisti spirituali richiede un approccio equilibrato. Ecco come farlo:

- **Comprendi la Compassione**: Prima di tutto, comprendi che la compassione è la capacità di riconoscere la sofferenza degli altri senza giudizio o condanna. È un atto di empatia e gentilezza.

- **Pratica la Consapevolezza**: La meditazione di consapevolezza può aiutarti a sviluppare una mente aperta e compassionevole. Questa pratica ti permette di osservare i tuoi pensieri e sentimenti senza giudicarli, il che ti renderà più empatico verso gli altri.

- **Evita il Giudizio**: Evita di giudicare gli altri o te stesso. La compassione implica accettare le imperfezioni umane. Concentrati sulla

comprensione anziché
sulla critica.

- **Ascolta Attivamente**:
Pratica l'ascolto attivo
quando qualcuno
condivide le proprie sfide o
sofferenze. Mostra
interesse genuino e
empatia senza cercare di
correggere o dare consigli.

- **Sii Gentile con Te Stesso**:
La compassione inizia da
dentro. Sii gentile e
compassionevole con te
stesso, accettando i tuoi
errori e difetti. Questo ti
aiuterà a estendere la
compassione agli altri.

- **Evita il Moralismo**: Evita
di diventare moralista o di
imporre le tue opinioni
spirituali agli altri. Rispetta
le diverse prospettive e
scelte di vita degli
individui.

- **Offri Supporto, Non Giudizio**: Quando aiuti gli altri, fallo senza condizioni. Offri il tuo sostegno e la tua gentilezza senza giudicare se le loro azioni sono "sbagliate" o "giuste".

- **Crescita Personale Continua**: Continua a lavorare sulla tua crescita personale e spirituale, ma non forzare gli altri a seguirti nel tuo percorso. Ognuno ha il suo tempo e il proprio cammino.

- **Studia la Compassione**: Studia e rifletti sulla compassione attraverso letture, conferenze o conversazioni con persone che condividono gli stessi interessi.

- **Pratica la Gratitudine**: Coltiva la gratitudine per le persone e le esperienze

che ti insegnano la
compassione.
Riconoscendo ciò che hai
imparato, sarai in grado di
coltivare la compassione in
modo genuino.

In sintesi, la chiave per coltivare la
compassione senza diventare
moralisti spirituali è l'umiltà,
l'ascolto e l'accettazione degli
altri. La compassione dovrebbe
essere un dono liberamente
offerto, non un dogma imposto.

**La Flessibilità Spirituale e la
Crescita Personale**

La nostra spiritualità può evolvere
e cambiare nel corso della vita.
Impareremo a essere flessibili
nelle nostre credenze spirituali e a
utilizzare la nostra ricerca
spirituale come strumento di
crescita personale.

La flessibilità nelle credenze
spirituali e l'utilizzo della ricerca
spirituale come strumento di

crescita personale sono pratiche
che favoriscono lo sviluppo
individuale. Ecco come puoi
esplorare queste dimensioni:

- **Sii Aperto alla Diversità
  Spirituale**: Abbraccia la
  diversità delle credenze
  spirituali. Esplora le
  tradizioni religiose e le
  filosofie di vita diverse per
  acquisire prospettive più
  ampie.

- **Auto-Riflessione**: Ricerca
  spirituale significa anche
  esplorare te stesso. Pratica
  l'auto-riflessione per
  comprendere meglio le tue
  convinzioni e valori
  personali.

- **Dialogo Spirituale**:
  Partecipa a dialoghi
  spirituali aperti e rispettosi
  con altre persone. Ascolta
  le loro esperienze e
  condividi le tue. Questo
  può portare a una

maggiore comprensione
reciproca.

- **Accogli l'Evoluzione Spirituale**: Le credenze possono evolversi nel tempo. Sii aperto a cambiamenti nelle tue convinzioni spirituali senza sentirli come una minaccia.

- **Esplora Diverse Pratiche Spirituali**: Prova diverse pratiche spirituali come la meditazione, la preghiera, lo yoga o la mindfulness. Trova ciò che risuona di più con te.

- **Guida Spirituale**: Se desideri una guida spirituale, cerca un mentore o un consigliere spirituale rispettoso delle tue esigenze e aperto alla tua crescita personale.

- **Sviluppa Empatia**: La ricerca spirituale può aumentare l'empatia. Utilizza questa capacità per connetterti profondamente con gli altri e sostenere la loro crescita spirituale.

- **Leggi e Studia**: Leggi libri, articoli e studi sulla spiritualità e la crescita personale. Questo può arricchire la tua comprensione e offrire nuove prospettive.

- **Pratica la Gratitudine**: Sviluppa una pratica di gratitudine quotidiana. Riconoscere le tue benedizioni spirituali ti aiuta a crescere interiormente.

- **Condividi la Tua Crescita**: Non tenere la tua crescita spirituale per te stesso. Condividila con gli altri

attraverso l'insegnamento,
l'arte, la scrittura o il
supporto.

- **Sii Paziente**: La crescita
  personale è un percorso
  continuo. Sii paziente con
  te stesso e permetti alla
  tua ricerca spirituale di
  evolversi naturalmente.

La flessibilità nelle credenze e
l'utilizzo della ricerca spirituale
come strumento di crescita
personale possono portare a una
maggiore saggezza, compassione
e consapevolezza di sé. Sono
processi che possono arricchire la
tua vita e la tua comprensione del
mondo che ti circonda.

L'Accettazione e la Gratitudine

Il benessere spirituale spesso
coinvolge l'accettazione di ciò
che è e la gratitudine per ciò che
abbiamo. Esploreremo come
praticare l'accettazione e la

gratitudine nel contesto della nostra spiritualità.

Praticare l'accettazione e la gratitudine nel contesto della spiritualità può arricchire la nostra vita interiore e portare maggiore serenità. Ecco come farlo:

- **Meditazione e Mindfulness**: La meditazione e la mindfulness sono pratiche che favoriscono l'accettazione. Imparate a osservare i vostri pensieri e emozioni senza giudizio, accettandoli come sono.

- **Riconoscere il Momento Presente**: Concentratevi sul momento presente anziché preoccuparvi del passato o del futuro. Riconoscete che il momento attuale è un dono.

- **Gratitudine al Risveglio**:
Al risveglio, esprimete
gratitudine per un nuovo
giorno. Questo può
diventare un rituale
quotidiano per cominciare
la giornata con positività.

- **Diario della Gratitudine**:
Tenete un diario in cui
scrivete ogni giorno le
cose per cui siete grati.
Questa pratica vi aiuta a
concentrarvi sulle
benedizioni nella vostra
vita.

- **Condivisione con gli Altri**:
Condividere la vostra
gratitudine con gli altri può
intensificarla. Ringraziate le
persone a cui volete bene
e fate atti di gentilezza.

- **Crescita Spirituale**: Nella
vostra ricerca spirituale,
cercate di accettare i
momenti di dubbio o
difficoltà come opportunità

per crescere e imparare.

- **Preghiera e Riflessione**:
  Utilizzate la preghiera o la
  riflessione come momenti
  per esprimere gratitudine e
  accettazione delle
  circostanze della vostra
  vita.

- **Apprezzamento della
  Natura**: Passate del tempo
  nella natura e
  contemplatela.
  L'osservazione della
  bellezza naturale può
  ispirare gratitudine e
  accettazione.

- **Servizio agli Altri**:
  Coinvolgetevi nel servizio
  agli altri. L'aiuto agli altri
  può rafforzare il vostro
  senso di gratitudine per ciò
  che avete e accettazione
  delle sfide.

- **Comunità Spirituale**: Partecipate a una comunità spirituale o gruppo di studio. La condivisione di esperienze spirituali può rafforzare l'accettazione e la gratitudine.

- **Cerimonie e Riti**: Partecipate a cerimonie o riti spirituali che enfatizzano l'accettazione e la gratitudine come valori fondamentali.

- **Trascendenza Personale**: Nella vostra ricerca spirituale, cercate di superare l'ego e raggiungere una maggiore comprensione della vostra vera natura.

La pratica costante di accettazione e gratitudine può diventare una parte significativa della vostra spiritualità, portando pace interiore e una connessione più profonda con voi stessi, gli altri e il divino.

Questo capitolo è un invito a esplorare come il Giusto Mezzo nel benessere spirituale possa portare a una vita più profonda e significativa. Impareremo a trovare il nostro percorso spirituale unico, a coltivare la compassione e la gratitudine e a vivere una vita più equilibrata e centrata. Il Giusto Mezzo nel benessere spirituale è la chiave per una connessione più profonda con noi stessi, gli altri e il mondo che ci circonda. Siete pronti a iniziare questo viaggio verso una spiritualità equilibrata e significativa?

La crescita personale e spirituale è un viaggio intrinseco all'essere umano. È la ricerca della conoscenza, della consapevolezza e del significato che arricchisce la nostra vita interiore. Il Giusto Mezzo in questo contesto ci invita a

bilanciare il desiderio di crescita
con la pace interiore e la serenità.

Nella nostra epoca frenetica,
siamo spesso spinti a perseguire
la crescita personale in modo
incessante, come se dovessimo
costantemente migliorarci.
Tuttavia, questo approccio può
portare a una sensazione di
insoddisfazione costante e a
un'ansia perenne. Il Giusto Mezzo
ci insegna a coltivare la crescita
personale in modo equilibrato,
apprezzando il nostro progresso
senza mai sentirci incompleti.

La crescita personale può
assumere molte forme,
dall'apprendimento continuo e
dalla lettura al perseguimento di
nuove abilità e passioni. Il Giusto
Mezzo sta nel trovare il giusto
equilibrio tra il desiderio di
crescere e l'accettazione di noi
stessi come siamo. L'importanza
di abbracciare la nostra
autenticità e di non giudicare il
nostro valore basandoci

esclusivamente sui traguardi raggiunti.

La dimensione spirituale è un altro aspetto della crescita personale che il Giusto Mezzo può arricchire. La ricerca di significato e di connessione con qualcosa di più grande di noi stessi è una parte essenziale della vita per molti. Il Giusto Mezzo in questo contesto ci insegna a esplorare la spiritualità in modo aperto e rispettoso delle diverse prospettive, senza cadere nell'estremismo religioso o nell'assenza completa di spiritualità.

La pratica della meditazione e della mindfulness può essere uno strumento prezioso per coltivare la crescita personale e spirituale attraverso il Giusto Mezzo. Queste pratiche ci aiutano a sviluppare la consapevolezza di noi stessi e del mondo che ci circonda, consentendoci di approfondire la nostra comprensione e la nostra connessione con la realtà profonda.

L'atteggiamento di gratitudine è un elemento chiave della crescita personale e spirituale attraverso il Giusto Mezzo. Essere grati per ciò che abbiamo nella vita, per le lezioni apprese dalle sfide e per le gioie quotidiane può arricchire profondamente il nostro viaggio interiore.

Riflettete sulla vostra crescita personale e spirituale. Come potete applicare il Giusto Mezzo per coltivare la vostra conoscenza, consapevolezza e significato senza perdere la pace interiore?

Capitolo 10: Il Giusto Mezzo nel Benessere Globale

La nostra vita è intrecciata con il mondo che ci circonda, e le nostre azioni hanno un impatto globale. Troppo spesso ci troviamo di fronte a una dicotomia tra l'egoismo e la ricerca esclusiva del nostro benessere personale, e il sacrificio totale in nome del bene comune. In questo capitolo, esploreremo come applicare il concetto di "Il Giusto Mezzo" nel benessere globale, per contribuire positivamente alla società e all'ambiente senza compromettere il nostro benessere personale.

La Consapevolezza Globale

La consapevolezza del mondo che ci circonda è il primo passo verso il benessere globale. Impareremo a essere informati sulle questioni globali, dai

cambiamenti climatici
all'ingiustizia sociale, e a
comprendere come le nostre
azioni quotidiane abbiano un
impatto su scala globale.

È fondamentale essere informati
sulle questioni globali come i
cambiamenti climatici e
l'ingiustizia sociale e
comprendere come le nostre
azioni quotidiane abbiano un
impatto su scala globale. Ecco
come farlo:

- **Educazione**: Informatevi
  su questioni globali tramite
  fonti affidabili come
  notizie, documentari e libri.
  Seguite organizzazioni e
  esperti che si occupano di
  tali temi.

- **Partecipazione attiva**:
  Partecipate a discussioni e
  eventi locali o online su
  questioni globali. Questo vi
  aiuterà a comprendere
  meglio i problemi e le

soluzioni.

- **Riduzione dell'impronta ecologica**: Riducete il vostro impatto ambientale adottando comportamenti ecologici, come il risparmio energetico, la riduzione dei rifiuti e l'uso di trasporti sostenibili.

- **Sostenibilità alimentare**: Scegliete cibi locali e stagionali, riducete il consumo di carne e cercate prodotti biologici. L'agricoltura ha un impatto significativo sui cambiamenti climatici.

- **Sostegno alle organizzazioni benefiche**: Contribuite finanziariamente o con il volontariato a organizzazioni che lottano per la sostenibilità ambientale e la giustizia sociale.

- **Attivismo online**:
Utilizzate i social media per diffondere informazioni e sensibilizzare gli altri sulle questioni globali. La vostra voce può fare la differenza.

- **Partecipazione politica**:
Votate per leader che promuovono politiche sostenibili e giuste. Influenzate il cambiamento attraverso il vostro voto.

- **Educazione continua**:
Continuate a informarvi e apprendere sulle questioni globali. La consapevolezza è il primo passo per il cambiamento.

- **Solidarietà globale**:
Comprendete che siamo tutti interconnessi e che le vostre azioni possono avere un impatto su persone in altre parti del

mondo. Sviluppate
empatia per le comunità
globali.

- **Condivisione delle
conoscenze**: Parlate con
amici e familiari delle
questioni globali e
dell'importanza delle azioni
quotidiane. La
condivisione delle
conoscenze è contagiosa.

Comprendere il legame tra le
azioni quotidiane e l'impatto
globale è essenziale per affrontare
le sfide globali. Ognuno di noi può
contribuire a un mondo migliore
con scelte informate e
responsabili.

**La Responsabilità Sociale e
Ambientale**

Il Giusto Mezzo nel benessere
globale implica anche la
responsabilità sociale e
ambientale. Esploreremo come
possiamo fare scelte etiche e

sostenibili nel consumo, nella produzione e nello stile di vita.

Fare scelte etiche e sostenibili nel consumo, nella produzione e nello stile di vita è fondamentale per contribuire a un mondo migliore. Ecco come puoi farlo:

- **Educazione e consapevolezza**: Informati sulle questioni etiche e ambientali, come l'ambito di produzione, l'approvvigionamento sostenibile e i marchi responsabili. La conoscenza è la chiave per prendere decisioni informate.

- **Consumo responsabile**: Pratica il consumo consapevole. Acquista prodotti locali e stagionali per ridurre l'impatto ambientale legato al trasporto. Riduci gli sprechi e opta per prodotti durevoli invece di usa e getta.

- **Sostenibilità alimentare**: Riduci il consumo di carne e scegli opzioni vegetariane o vegane. Questo aiuta a mitigare l'impatto ambientale dell'industria della carne.

- **Energia e risorse**: Riduci il consumo energetico a casa e usa fonti di energia rinnovabile. Ricicla e riutilizza materiali per contribuire alla riduzione dei rifiuti.

- **Mobilità sostenibile**: Utilizza mezzi di trasporto pubblici, biciclette o veicoli elettrici per ridurre le emissioni di carbonio associate ai viaggi.

- **Sostenibilità finanziaria**: Investi in prodotti finanziari etici e sostenibili che promuovano investimenti responsabili e sostenibilità ambientale.

- **Sostegno a marchi responsabili**: Scegli marchi e aziende che adottano pratiche di produzione etiche e sostenibili, che tengono conto dei diritti dei lavoratori e dell'ambiente.

- **Attivismo e partecipazione**: Unisciti a organizzazioni e gruppi che promuovono la sostenibilità e l'etica nei consumi. Partecipa a iniziative locali o globali.

- **Innovazione e tecnologia**: Sostieni lo sviluppo e l'adozione di tecnologie sostenibili, come l'energia solare e l'efficienza energetica.

- **Condivisione delle conoscenze**: Educa gli altri sulle tue scelte etiche e sostenibili. La condivisione delle informazioni può ispirare cambiamenti positivi nella comunità.

Le tue scelte quotidiane possono avere un impatto significativo sul pianeta e sulla società. Scegliere la sostenibilità e l'etica è un passo importante verso un futuro migliore per tutti.

La Condivisione e il Volontariato

Contribuire alla società e all'ambiente può portare una profonda soddisfazione. Impareremo a trovare il Giusto Mezzo nella condivisione delle risorse e nel volontariato, contribuendo in modo significativo senza esaurirci.

Trova il Giusto Mezzo nella condivisione delle risorse e nel volontariato per contribuire in modo significativo senza esaurirti seguendo questi consigli:

- **Valuta le tue risorse**: Prima di impegnarti nel volontariato o nella condivisione delle risorse, fai un'analisi realistica delle tue risorse finanziarie, fisiche e di tempo. Comprendi quanto puoi dedicare senza mettere a repentaglio il tuo benessere.

- **Scegli le tue passioni e competenze**: Identifica le aree in cui sei più appassionato e competente. Contribuire alle cause che ti stanno a cuore ti darà una maggiore soddisfazione e ti impedirà di sentirti esausto.

- **Stabilisci limiti chiari**:
  Prima di iniziare un
  impegno volontario o di
  condivisione, stabilisci
  limiti chiari sul tempo e
  sulle risorse che sei
  disposto a dedicare.
  Comunica questi limiti alle
  organizzazioni o alle
  persone coinvolte.

- **Scegli organizzazioni
  affidabili**: Cerca
  organizzazioni o gruppi
  con una reputazione di
  trasparenza ed efficienza
  nella gestione delle risorse.
  Questo ti aiuterà a
  garantire che il tuo
  contributo abbia un
  impatto positivo.

- **Bilancia il dare e il
  ricevere**: Non dimenticare
  di prenderti cura di te
  stesso. Il volontariato e la
  condivisione delle risorse
  dovrebbero portare gioia e
  gratificazione, ma non

dovrebbero esaurirti
completamente. Trova un
equilibrio tra dare e
ricevere.

- **Flessibilità nell'impegno**:
  Se hai periodi intensi al
  lavoro o nella vita
  personale, sii flessibile
  nell'impegno volontario.
  Non forzarti oltre i tuoi
  limiti quando hai bisogno
  di tempo per te stesso.

- **Formazione continua**:
  Cerca opportunità di
  formazione e sviluppo
  personale per migliorare le
  tue competenze nel
  volontariato o nella
  condivisione delle risorse.
  Questo ti renderà più
  efficace nel tuo contributo.

- **Riconoscimento
  dell'impatto**: Monitora e
  celebra i risultati del tuo
  impegno. Vedere
  concretamente l'effetto

positivo del tuo contributo ti darà la motivazione per continuare.

- **Network e sostegno**: Cerca il supporto di altri volontari o persone coinvolte nella condivisione delle risorse. Condividere esperienze e sfide può essere molto utile.

- **Ricarica le energie**: Non dimenticare di prenderti del tempo per te stesso per ricaricare le energie quando ne hai bisogno. Il riposo è essenziale per mantenere un impegno sostenibile.

Il Giusto Mezzo sta nel trovare un equilibrio tra l'aiuto agli altri e il rispetto per te stesso. Con attenzione e pianificazione, puoi contribuire in modo significativo senza esaurirti.

La Cooperazione e la Compassione

Il benessere globale richiede anche la cooperazione tra individui, comunità e nazioni. Esploreremo come coltivare la compassione e la cooperazione per affrontare sfide globali come la povertà, la fame e la crisi ambientale.

Coltivare la compassione e la cooperazione per affrontare sfide globali come la povertà, la fame e la crisi ambientale è essenziale per promuovere un mondo più equo e sostenibile. Ecco come puoi contribuire:

- **Educazione e consapevolezza**: Informarsi sulle sfide globali è il primo passo. Studia e comprendi la povertà, la fame e la crisi ambientale attraverso risorse come rapporti delle Nazioni Unite, documentari e notizie affidabili.

- **Promuovere la compassione**: Cerca di sviluppare empatia e compassione verso coloro che sono colpiti da queste sfide. Immagina come sarebbe vivere nella loro situazione e cerca di comprendere le loro necessità.

- **Coinvolgimento attivo**: Partecipa attivamente a iniziative di volontariato o organizzazioni caritatevoli che lavorano per affrontare queste sfide. Contribuendo con il tuo tempo e le tue risorse, puoi fare la differenza.

- **Advocacy**: Fatti portavoce delle questioni globali. Usa la tua voce per sensibilizzare l'opinione pubblica e i leader politici su questioni come la povertà, la fame e la crisi ambientale. Partecipa a petizioni, manifestazioni o lobby per il cambiamento.

- **Consumo responsabile**: Scegli prodotti e servizi che rispettino l'ambiente e siano prodotti eticamente. Il tuo potere di acquisto può influenzare le pratiche delle aziende e promuovere la sostenibilità.

- **Educazione continua**: Continua a informarti e ad apprendere su queste sfide in evoluzione. La conoscenza è la chiave per trovare soluzioni più efficaci.

- **Collaborazione globale**: Sostieni sforzi di cooperazione internazionale e organizzazioni che lavorano per affrontare

queste sfide su scala
globale. Le sfide globali
richiedono soluzioni
globali.

- **Risparmio energetico**:
Riduci il tuo impatto
ambientale riducendo il
consumo di energia e
acqua, praticando il riciclo
e cercando modi per
ridurre le emissioni di
carbonio.

- **Istruzione e formazione**:
Sostieni programmi di
istruzione e formazione
nelle comunità colpite dalla
povertà. L'istruzione è un
mezzo potente per
rompere il ciclo della
povertà.

- **Sensibilizzazione nella
tua comunità**: Coinvolgi la
tua comunità locale
organizzando eventi,
workshop o discussioni su
queste sfide globali. La

consapevolezza a livello
locale può portare a azioni
più ampie.

La compassione e la
cooperazione sono fondamentali
per affrontare le sfide globali.
Ognuno di noi può fare la sua
parte per contribuire a creare un
mondo più giusto e sostenibile.

Il Riconoscimento delle Disparità e delle Ingiustizie

Nel percorso verso il benessere
globale, è importante riconoscere
le disparità e le ingiustizie nel
mondo. Impareremo a lavorare
per l'equità e la giustizia,
cercando il Giusto Mezzo tra il
cambiamento personale e l'azione
collettiva.

Per promuovere l'equità e la
giustizia cercando il Giusto Mezzo
tra il cambiamento personale e
l'azione collettiva, è importante
adottare un approccio equilibrato.

Ecco alcuni passi che puoi
insegnare ai tuoi lettori:

- **Comprendere l'equità e
la giustizia**: Inizia
educando i tuoi lettori sulla
differenza tra equità (dare a
ciascuno ciò di cui ha
bisogno) e uguaglianza
(trattare tutti allo stesso
modo). Spiega
l'importanza di entrambe le
prospettive.

- **Auto-riflessione**: Invita i
tuoi lettori a riflettere sulle
proprie convinzioni,
privilegi e pregiudizi. Il
cambiamento personale
inizia con la
consapevolezza di sé e
con l'apertura alla crescita
e all'apprendimento.

- **Istruzione e
sensibilizzazione**: Fornisci
risorse e informazioni per
aiutare i tuoi lettori a
comprendere meglio le

questioni legate all'equità e alla giustizia, come il razzismo, la disuguaglianza di genere e la povertà.

- **Piccoli gesti quotidiani**: Mostra come piccoli gesti di gentilezza, comprensione e supporto verso gli altri possono avere un impatto positivo nel promuovere l'equità nel quotidiano.

- **Coinvolgimento nella comunità**: Incoraggia l'azione collettiva partecipando a iniziative locali o organizzazioni che lavorano per la giustizia sociale. Sottolinea l'importanza di unirsi ad altre persone per portare cambiamenti significativi.

- **Advocacy e attivismo**: Insegna come i tuoi lettori possono diventare attivisti o sostenitori di cause che promuovono l'equità e la giustizia. Spiega come partecipare a campagne, petizioni e manifestazioni.

- **Dialogo aperto**: Promuovi il dialogo aperto e il confronto costruttivo. Invita i tuoi lettori a ascoltare le diverse prospettive e a cercare soluzioni collaborative.

- **Sostenere il cambiamento istituzionale**: Illustra l'importanza di sostenere cambiamenti sistematici e istituzionali per affrontare le questioni di equità. Questi cambiamenti possono includere riforme legislative e politiche.

- **Persistenza e pazienza**: Sottolinea che il percorso verso l'equità e la giustizia è spesso lungo e richiede

tempo. Incoraggia la
persistenza e la pazienza
nel perseguire questi
obiettivi.

- **Condividere storie di
  successo**: Racconta storie
  di persone o comunità che
  hanno fatto la differenza
  attraverso il loro impegno
  per l'equità e la giustizia.
  Queste storie ispireranno i
  tuoi lettori.

Ricorda ai tuoi lettori che il Giusto
Mezzo tra il cambiamento
personale e l'azione collettiva è
fondamentale per creare un
mondo più equo e giusto. Ognuno
può contribuire in modo
significativo quando agisce in
armonia con gli altri per il bene
comune.

La Sostenibilità e il Futuro del Pianeta

Infine, esploreremo come il
benessere globale sia legato alla

sostenibilità a lungo termine del nostro pianeta. Impareremo a trovare il Giusto Mezzo tra il consumo responsabile e la conservazione delle risorse naturali per le generazioni future.

Questo capitolo è un invito a esplorare come il Giusto Mezzo nel benessere globale possa portare a una vita più significativa e in armonia con il mondo. Impareremo a contribuire positivamente alla società e all'ambiente senza compromettere il nostro benessere personale. Il Giusto Mezzo nel benessere globale è la chiave per vivere una vita con uno scopo più grande e una connessione più profonda con il mondo che ci circonda. Siete pronti a iniziare questo viaggio verso un benessere globale equilibrato e significativo?

Il presente è il momento in cui la vita si svolge. Tuttavia, troppo spesso, siamo impegnati nei pensieri sul passato o preoccupati per il futuro, trascurando la bellezza e la ricchezza dell'attimo presente. Il Giusto Mezzo in questo contesto ci insegna a vivere con consapevolezza e gratitudine, a godere appieno di ogni momento senza perdere di vista il passato o il futuro.

La vita è una serie di momenti, ciascuno con la sua unicità e valore. Tuttavia, spesso siamo così distratti da preoccupazioni passate o future che non riusciamo a percepire appieno il presente. Il Giusto Mezzo ci invita a rallentare, a respirare profondamente e ad immergerci nei dettagli del momento presente.

Una delle pratiche principali per vivere nel presente è la mindfulness o la consapevolezza. Questa pratica ci insegna a essere presenti in modo completo, a percepire i nostri pensieri, emozioni e sensazioni corporee senza giudizio. La mindfulness ci aiuta a connetterci con il momento presente in modo profondo e significativo.

La gratitudine è un altro elemento essenziale per vivere nel presente attraverso il Giusto Mezzo. Essere grati per ciò che abbiamo nella vita, per le persone che amiamo, per le piccole gioie quotidiane, ci aiuta a riconoscere il valore del momento presente. La gratitudine può trasformare la nostra prospettiva, portandoci a vedere la bellezza anche nelle cose apparentemente comuni.

Il Giusto Mezzo ci insegna anche a lasciare andare il passato e a non preoccuparci eccessivamente per il futuro. Il passato non può essere cambiato, eccessive ruminazioni su errori passati possono impedirci di vivere nel presente. Allo stesso tempo, l'ansia per il futuro può impedirci di godere appieno di ciò che abbiamo oggi. Il Giusto Mezzo sta nel bilanciare la riflessione sul passato con la gioia del presente e la preparazione responsabile per il futuro.

La semplicità è un altro principio chiave nel vivere nel presente attraverso il Giusto Mezzo. Spesso, siamo circondati da distrazioni eccessive che ci impediscono di concentrarci sul momento presente. Trovare la bellezza nella semplicità della vita quotidiana può arricchire profondamente il nostro rapporto con il presente.

Nel prossimo capitolo, esploreremo il Giusto Mezzo nella felicità duratura, mostrando come possiamo trovare la gioia e la soddisfazione nella vita quotidiana attraverso l'applicazione di questa filosofia. Ma prima, riflettete sulla vostra relazione con il presente. Come potete applicare il Giusto Mezzo per vivere con più consapevolezza e gratitudine ogni momento della vostra vita?

La felicità è un obiettivo che molti di noi perseguono in modo costante. Tuttavia, spesso la nostra ricerca della felicità è basata su idee errate o su obiettivi superficiali che ci lasciano insoddisfatti a lungo termine. Il Giusto Mezzo ci insegna come trovare la gioia e la soddisfazione profonda nella vita quotidiana.

La felicità duratura non è legata a circostanze esterne come il successo, la ricchezza o il riconoscimento sociale. È piuttosto una qualità intrinseca che può essere coltivata attraverso la pratica del Giusto Mezzo. Questo percorso verso la felicità implica una serie di principi chiave.

Uno dei principi fondamentali è la gratitudine. Essere grati per ciò che abbiamo nella vita ci aiuta a focalizzarci su ciò che è positivo e significativo. La gratitudine ci consente di riconoscere la bellezza delle piccole cose e di apprezzare il presente.

La mindfulness è un'altra pratica importante per coltivare la felicità attraverso il Giusto Mezzo. Essa ci insegna a essere presenti nel momento, a vivere ogni istante con consapevolezza e a non permettere ai pensieri negativi o ansiosi di dominare la nostra mente.

La compassione è un elemento chiave della felicità duratura. Essere gentili e compassionevoli verso gli altri, così come verso noi stessi, crea un senso di connessione e soddisfazione profonda. La capacità di comprendere il dolore e la sofferenza altrui ci aiuta a coltivare empatia e solidarietà.

Il Giusto Mezzo ci insegna anche a trovare la felicità nella semplicità. Non dobbiamo cercare la felicità in acquisti materiali o nel successo esterno. Invece, possiamo trovare la gioia nelle cose più semplici, come una passeggiata all'aperto, una conversazione significativa o un momento di tranquillità.

L'accettazione è un altro aspetto fondamentale della felicità duratura attraverso il Giusto Mezzo. Accettare noi stessi e gli altri con tutte le imperfezioni e le debolezze ci permette di vivere con maggiore leggerezza e soddisfazione.

Infine, la felicità duratura implica la ricerca di un significato più profondo nella vita. Identificare i nostri valori e scopi, e agire in coerenza con essi, può portare a una sensazione di realizzazione e contentezza.

Nel prossimo capitolo, concluderemo il nostro viaggio attraverso il Giusto Mezzo, riepilogando i principi chiave e offrendo un invito a mettere in pratica questa filosofia nella vostra vita quotidiana. Ma prima, riflettete sulla vostra ricerca della felicità. Come potete applicare il Giusto Mezzo per trovare la gioia e la soddisfazione durature nella vostra vita?

Conclusione: Abbracciare Il Giusto Mezzo nella Vita

In questo viaggio attraverso il concetto di "Il Giusto Mezzo", abbiamo esplorato come trovare equilibrio e armonia in tutte le sfere della nostra vita. Abbiamo visto come applicare questa filosofia possa portare a una vita più soddisfacente, significativa e appagante. Il Giusto Mezzo non significa la mediocrità o la rinuncia, ma piuttosto la ricerca di un equilibrio dinamico tra gli estremi, una via di mezzo che ci permette di trarre il massimo dalla vita.

Hai imparato come applicare il Giusto Mezzo nella tua carriera, nelle relazioni interpersonali, nella salute e nel benessere, nella crescita personale, nell'etica e nella morale, nel benessere spirituale e nel benessere globale. Ora è il momento di mettere in pratica queste lezioni nella tua vita.

Chiamata all'Azione: Trova il Tuo Giusto Mezzo

Ti sfidiamo a trovare il tuo Giusto Mezzo in ogni aspetto della tua vita. Non c'è una formula universale, ma piuttosto un percorso unico che devi tracciare. Ecco alcune azioni concrete che puoi intraprendere:

- **Rifletti**: Prenditi del tempo per riflettere su quali aree della tua vita potrebbero beneficiare dall'applicazione del Giusto Mezzo. Potrebbe essere il bilancio tra lavoro e vita personale, la gestione del tempo, la tua crescita personale o altro.

- **Definisci i Tuoi Valori**: Quali sono i tuoi valori fondamentali? Cosa è davvero importante per te?

Questi valori saranno la bussola che ti guiderà nella ricerca del Giusto Mezzo.

- **Sii Flessibile**: Ricorda che la vita è in costante evoluzione. Sii aperto a modificare il tuo approccio e a cercare nuovi equilibri a seconda delle circostanze.

- **Pratica la Consapevolezza**: La consapevolezza di te stesso e del mondo che ti circonda è fondamentale. Impara a prestare attenzione alle tue azioni, alle tue decisioni e alle loro conseguenze.

- **Condividi e Collabora**: Coinvolgi gli altri nel tuo percorso verso il Giusto Mezzo. La condivisione delle esperienze e delle sfide può portare a una comprensione più

profonda e a nuove
prospettive.

- **Cresci Costantemente:**
  La crescita personale è un
  percorso senza fine. Sii
  aperto a imparare e a
  crescere continuamente,
  adattando il tuo Giusto
  Mezzo lungo il cammino.

Trova il tuo Giusto Mezzo e
guarda come la tua vita si
arricchisce di significato e
equilibrio. Ricorda che non c'è
una risposta giusta o sbagliata,
ma piuttosto un percorso unico
che è tuo e solo tuo. Abbraccia il
Giusto Mezzo e scopri una vita di
armonia, soddisfazione e
appagamento.

Retro della Copertina

Nell'era moderna, spesso ci
troviamo a lottare con la sfida di
trovare un equilibrio tra i
molteplici aspetti della nostra vita.
Siamo bombardati da messaggi

che ci spingono verso estremi, ci chiedono di perseguire il successo a tutti i costi o ci spingono a sacrificare il nostro benessere personale per il bene comune. Ma c'è un modo diverso: "Il Giusto Mezzo."

In "Il Giusto Mezzo: Equilibrio, Soddisfazione e Significato nella Vita," esplorerete una filosofia di vita che vi insegnerà a trovare l'equilibrio in ogni aspetto della vostra esistenza. Attraverso storie coinvolgenti, esempi pratici e consigli concreti, scoprirete come applicare il Giusto Mezzo alla vostra carriera, alle relazioni interpersonali, alla salute e al benessere, alla crescita personale, all'etica e alla morale, al benessere spirituale e al benessere globale.

Questo libro vi guiderà nella ricerca del vostro Giusto Mezzo, vi ispirerà a trovare l'equilibrio dinamico tra gli opposti e vi aiuterà a creare una vita più autentica, soddisfacente e significativa. È un invito a sfidare gli estremi, a trovare il vostro percorso unico e a vivere una vita che rifletta veramente chi siete.

Se siete pronti a iniziare il viaggio verso una vita più equilibrata, appagante e significativa, allora prendete questo libro e iniziate a esplorare "Il Giusto Mezzo." La vostra vita non sarà mai più la stessa.

www.ingramcontent.com/pod-product-compliance
Lightning Source LLC
Chambersburg PA
CBHW051251250726
48656CB00004B/1235